幸せの
プログラミング

あなたは、幸せになるように
設計されている

椎原崇
SHIIHARA TAKASHI

廣済堂出版

はじめに

こんにちは。椎原崇と申します。

この本を手にとっていただきありがとうございます。

せっかく手にとっていただけた本をそっと閉じたくなるかもしれませんが……、この本を読む前にどうしてもお伝えしておきたいことがあります。

実は僕は、最終学歴が「中卒」で、資格も運転免許証くらいしか持っていなくて、昔は「パチプロ」をして生計を立てていました。

そうです、決して人様に向けて本を書くような立派な経歴の持ち主ではないのです（笑）。

なので、この本は**「ちょっと変わった人が書いた本」**だということをご理解の上、続きをお読み頂きたいのです。

とはいえ、確かに僕は学歴も資格も人脈も全くありませんでしたが、**30歳の前には、経済的と時間的な自由を手に入れて、セミリタイア生活をしていました。**

そして、今は東京に妻と娘と3人で暮らしていて、毎日家族との時間を最優先にできる理想的なライフスタイルを過ごせています。

もちろんビジネスのほうもずっと右肩上がりで成長していっていて、物質面の豊かさも心の豊かさもどちらも充実した幸せな毎日を送ることが出来ています。

すると、

「なぜ、そんなにビジネスがうまくいっているの?」

「なぜ、そんなに時間が作れるの?」

「なぜ、そんなに夫婦の仲がいいの?」

「なぜ、そんなに幸せそうなの?」

と、聞かれることも多くなってきました。

もちろんそれは、僕が人一倍努力をする努力家だから……というわけではありません。

実はちょっとした「コツ」があるのです。

そして、この本はその「コツ」をお伝えするために書きました。


ありがたいことに、僕はコンサルタントとして本当にたくさんの人にお会いしてさまざまな相談に乗ってきました。

そんな中、気がついたことがあります。

それは**多くの人は自分のことを過小評価している**ということです。

本来、受け取れるはずの幸せを受け取らず、自分にふさわしい豊かさを無いものにして自分を愛さないようにしている人がなんと多いことかと愕然としました。


そして、そんな人たちに**本書でお伝えしているような「コツ」**をお伝えすると一気に人生が変わっていく人がたくさん増えていきました。

正確に言うと、変わったのではなく、自然な状態になったというだけなのですが、おかげでコンサルティングの依頼が殺到してしまい、2年ほど前から新規の方は一切お受けできなくなったほどです。

そんな「コツ」を本書ではたくさん分かち合いたいと思っています。


あと、もう一つ気がついたことが。

それは、僕にとって「普通」のことが、多くの人にとっては「独特な視点」だということです。

多くの人よりも勉強する時間が少なかったので、ビジネスのことでも心の中のことでも、理解の仕方がちょっと人と変わっているのかもしれません（笑）。

なので、本書の中でも、「世間の常識」や「一般的に言われていること」とは違うようなことを言っている部分もあると思います。

それを受け入れられる柔軟な方はぜひ活用していただいて、受け入れられない方は「変なヤツもいるもんだな」と思っていただいて、無理に活用したり、信じなくても全然OKだと思っています。

ただ、本書の中でお伝えしていることは、僕も含めて本当にたくさんの人の人生を変えてきた秘訣であり、ずっと僕の人生の中心にある考え方であるのは間違いないことです。

では、それはどんな秘訣なのか？
その中心となる考え方は、

「僕たちは幸せになるように設計されている」

というものです。
この言葉にはたくさんの要素が含まれているので、本文でも何度も出てくる言葉です。

僕たちは幸せになるように設計されていて、
どんな行動であってもそれは必ず幸せにつながっている。

これを聞いて、

「ウソだー」

「そうは思えない」

と感じましたか？


そんなあなたは、ぜひこの本を読んでください。

なぜなら、この自分自身に備わっている素晴らしいメカニズムを知るだけで大きく人生が変わる可能性が大だからです。


「この本を読み進めていくごとに、ちょっとずつ自分のことが好きになっていく」

そんな本になったらいいな、という気持ちで心を込めて書きました。

この本があなたの「幸せ」のお役に立てると嬉しいです。

目次

幸せのプログラミング

序章
人はみんな、勝手に幸せになるように出来ている

第1章 なぜ、あなたに問題が起こるのか

～「自分の中の自分」に自分が振り回される

第2章

人生がうまくいく人と、いかない人の違い

～なぜ、あなたの問題は解決しないのか？

第3章 行き先は「ダメな自分」に聞いてみよう

第4章 実はこうなっていた！「お金と幸せの関係」
～お金で幸せは買えますか？

終章

幸せな人が大切にしている、たった1つのこと

序章

人はみんな、勝手に幸せになるように出来ている

僕らは、幸せになるようにプログラミングされた存在

「幸せになりたいですか？」

こう聞かれたら、あなたはどのように答えるでしょうか？

「もちろん！　幸せになりたいです！」でしょうか？

「別に、幸せなんてならなくてもいいし……」と答える方もいるかもしれません。

「私、もうすでに充分に幸せです♪」という方もいらっしゃるかもしれませんね。

あなたが何と答えたか僕にはわかりませんが、あなたがどんな答えを持っていたとしても一つだけハッキリと確信して言えることがあります。

それは、

あなたは幸せになるように設計されている。

ということです。

僕は、コンサルタントとしてたくさんの方と接してきました。

ありがたいことに「予約が取れないコンサルタント」と呼ばれて、分野も国境も超えたたくさんのタイプの方々と密な時間を一緒に過ごすことができました。

そのときに、ビジネスのアドバイス以外に、心の中で起きている仕組みに関してアドバイスをさせていただくことも少なくありませんでした。

そこで、たくさんのいろいろなタイプの人を見てきたからこそ気がついたことがあります。

人はどんな人であれ、
そして、どんな状態であれ、
無意識に「自分を幸せにするための行動」をとっている。

ということです。

面白いことに、例外なく全員がそうだったのです。

もし人間をつくった神様みたいな存在がいるとしたら、人間をそのようにプログラミングしたとしか考えられない。

だから僕はこれを、**「幸せのプログラミング」**と呼んでいます。

「イマイチな人」だって幸せに向かっている

自分を幸せにしようとしているのに、なぜ問題が起きるの？

そう感じたあなたは、とても鋭い感性の持ち主です。自分を幸せにしようとしているのに、なぜ問題が起きたり、イマイチな状況になってしまう人がいるのでしょうか？

疑問に感じますよね。

答えは単純で、その**イマイチな状況が自分の幸せにつながっていると自分が思い込んでいる**からです。

たとえば、小さい頃、自分が風邪をひいたときに、仕事が忙しくてあまり構ってくれなかったお母さんがすごく心配してくれたり、優しく看病してくれて嬉しかった経験がありませんか？

普段だったら食べさせてもらえなかったアイスクリームを、風邪をひいたときは食べさせてもらえた経験もあるかもしれません。

好きな漫画を買ってきてくれたり、いつもはそっけないお母さんが自分のことだけを見てくれているような感覚になって、ちょっと嬉しかったりしたことでしょう。

そのような経験があったりすると、「自分は風邪をひいたり、弱った状態になると、大切な人が自分のことを気にかけてくれる」と思い込んだりします。

すると、

「自分が大切な人から優しくされて幸せを感じる状態になるためには、自分は弱った状態になるのが大事なことなんだ」

「自分が『イマイチの状態』になれば自分の大切な人が気にかけてくれて、自分は幸せを感じられる状態を作ることができるんだ」

と、無意識に思い込んでしまう人もいるのです。

この辺りの心のメカニズムのことは後の章で詳しくお伝えしますが、面白いのは、自分がイマイチな状態になることで自分の幸せを達成しようとしているということです。

言葉を変えると、**自分を幸せな状態にするために全力で「イマイチな状態」を作ろうとしている**とも言えます。

そう、たとえイマイチな状態でも、実は、その先に自分の幸せがあるから、あえて選択している。それは、自分の幸せの方向を選択していたのです。

幸せに生きている人は「幸せのプログラミング」を知っている

幸せに生きている人は、この「幸せのプログラミング」をよく自覚している人です。

「人生はすべてうまくいくようにできている」

「今、この瞬間、あなたにとって最善なことが起きている」

本や雑誌のインタビューなどでこのようなことを言っているのを目にしますが、そういう人はみんな幸せそうに見えます。

自分は幸せになるように出来ていて、今、起きていることは全部自分の幸せの方向に向かっているということを、自分の人生を通じて感覚的によく知っているのだと思います。


また、あるとき、僕の周りにいる幸せに生きている人の特徴を観察してみると、幸せに生きている人というのは、「自分の人生を信頼している人」、そして「自分のことが大好きな人」だということに気がつきました。

それは今、現在、「自分のことが嫌いだと感じている人」、「自分の人生なんて信じられない」と感じている人にはとても難しいことだと思います。**僕たちはどうしても、目の前の結果や、所有しているものなどで自分の価値を決めたりしてしまうものですからね。**

でも、この「幸せのプログラミング」という「自分は幸せになるように出来ているという仕組み」を理解していると、自分のことがとても愛おしく感じるし、自分の人生と自分自身のことを信頼せざるを得ないようになるでしょう。

幸せになるのは「当たり前」なことなんです

この本で僕が言いたいことのキモ中のキモなので、何度もお伝えすることになるかもしれませんが、このへんで根っこのところをまとめましょう。

人はみんな、幸せになるようにプログラミングされている。
何をしていても、勝手に自分と他人の幸せのための行動をとっている。
それは、どんな人でも全員一緒だということ。

自分が何を思おうが、他人が何を思おうが、みんな勝手に「幸せ」を目指している存在。それが人間なのです。

「目指す」というと、意思がはたらいている感じに聞こえるかもしれませんが、そうではありません。自分の意思なんか関係なく、人はみんな「勝手に」幸せに向かっている存在なんだということを、まずは頭に入れておいてください。

大事なことなので、もう一度言います。

人はみんな、勝手に幸せになるように出来ている。

これを聞いて、「私はそうは思わない」という方もいらっしゃることでしょう。あまりにも抽象的すぎて、綺麗ごとにしか聞こえないのもすごくよくわかります。

以前の僕も、同じようなことを言っている人がいても、きっと信じなかったと思います。でも、たくさん人と時間を共にして、たくさんの人の心の中を扱わせていただいて間違いないことだと確信しているので、こうして本を書いているわけです。

もちろん、いろいろな考え方があるので、自分の考えをあなたに押し付ける気はありませんが、「信じられない」「綺麗ごと言って」と感じているあなたにこそ、この本を読み進めてほしいと思います。

「幸せになってもいい」ではなくて、「ならないと迷惑」

この本は「幸せ」についての仕組みを書いていくことになるのですが、「幸せ」と聞くと、

「私は、幸せになってもいいのでしょうか?」

「私には幸せになる資格がないのです……」

と感じる方もいらっしゃいます。

そのような方には、僕は仏のような顔でこう答えるようにしています。

「あなたは幸せになってもいい……ではなく、あなたが幸せじゃないと周りが迷惑です」

と(笑)。


どういうことかと言いますと、たとえば、自分が不幸せな状態のときって、ささいなことでイライラしたりしませんか?

自分が注文したコーヒーが遅いだけでイライラしたり。

旦那さんが靴下を洗濯機に入れていないだけで離婚を考えたり。

でも、自分が幸せな状態だと、同じようなことがあっても笑顔で対応できたりします。自分が注文したコーヒーが遅くても笑顔でいれたり、旦那さんが靴下を洗濯機に入れていなくてもあまり気にならないかもしれない。

人は自分の状態を周りに伝染させるように出来ています。


だから、あなたが我慢していたり、満たされていなかったり、不幸せな状態だと、あなたは不機嫌になったり、周りにもイライラや重い空気を振りまきます。でも、あなたが満たされて幸せな状態だと、周りにも自然と笑顔を振りまきます。

だから、「幸せになる資格がない」ではなくて、**あなたに幸せになってもらわないと、不幸をまき散らされるあなたの周りの人が迷惑する**のです（笑）。

自分のためにも周りのためにも、自分が幸せな状態でいることは義務だと言っていいくらいのことなのです。

勝手に幸せになるなら、なぜ人は悩むの？

「幸せのプログラミング」によって、人は勝手に幸せを目指すように出来ている。あなたが何を思おうが、あなたの意思とは関係なく、あなたは幸せに向かって生きている。

この通りなのですが、そうだとしたら、ちょっと疑問が湧いてくる人がいると思います。そうであるなら、なぜ悩みとか、迷いとか、苦しみとか、そういうものが降りかかるのか？

生まれたときから幸せのプログラミングが埋め込まれている自分に、どうして問題が起きるんだろうか？

どうして、幸せを感じている人と不幸を感じている人に分かれてしまうのか？

こんなクエスチョンが出てきますよね。

では、次の章でそこをじっくり考えてみましょう。

第1章

なぜ、あなたに問題が起こるのか

～「自分の中の自分」に自分が振り回される

自分の中に別の自分がいる

どんな人も例外なく、勝手に幸せになるようにプログラミングされている。だから、大丈夫なんですよ。

こう言うと、じゃあなんでいつも私には困ったことや、苦しいことや「問題」が起きるの？　という疑問が出てきます。

実は……、その答えこそが「**自分を幸せにしようとしている**から」なのです。

ちょっとわかりにくいので、実際に僕に起きた出来事でご説明しましょう。

僕は昔、飲食店やコンビニエンスストアを経営していたことがあります。そのときに実際に起きた出来事です。

ある社員さん2人が喧嘩していました。

2人ともタイプは違いますが、とても真面目でお店や会社のことを真剣に考えてくれて、同じように信頼できる社員さんでした。

でも、あるとき、２人は喧嘩をしていたのです。

話を聞いてみると、

「あいつはお店のことを考えていない」

「あいつの方こそ何もわかっていない」

と、面白いほど２人とも同じようなことを言って、しまいにはお互いに口を利かなくなるような状況でした。

このままでは会社の雰囲気が悪くなってしまう、
そう感じた僕は、一人ずつ話を聞いてみたのです。


仮にその社員２人をA君、Bさんとしておきましょう。

まずA君に話を聞いてみると、

「今、お店の売り上げが下がってきている。なので、新規客を獲得していく施策が大事なので、人員を増やしたい」

と言っていました。

一方、Bさんに話を聞いてみると、

「今、お店の売り上げが下がってきている。なので、その分経費を減らさないと赤字になってしまうので、人員を減らしたほうがいいと思う」

と言っていたのです。

そう、この2人は人件費を増やすか、人件費を減らすかで大げんかしていたわけですが、同じお店で働いていて、同じお店の利益をあげることを望んでいたのです。

普通に考えて、ケンカをする理由はないですよね？（笑）。僕から見ると、2人ともお店のことを考えてくれている愛おしい存在だと感じるほどです。

でも、お互いが「お店の利益を上げる」という状態を同じように望んでいるのに、表面的には「人件費を上げるか、下げるか」、どっちが正しいかでケンカをしている。

このようなことが起きていました。

この2人は同じ状態を望んでいるのに正反対のことを言っていて、ケンカという「問題」が起きている。

僕は、この「お互いが同じ幸せを望んでいるのに問題になっている状況」を見たときにとてもビックリしたことを覚えています。

会社の利益を増やしたい
人件費を増やそう！
人件費を減らそう！
しい。
しい。

「あっ、これは自分の中にも起きている！」

カンの鋭いあなたはお気づきになったかもしれません。そう、これと同じようなことが私たちの心の中で起きているのです。

このA君とBさんは、お店の利益を上げる方法の考え方が違うのでケンカをしたわけですが、実はどんな人も、自分の中にもいろいろな考え方をしている自分がたくさんいます。

こう聞くと、「いやいや、自分は自分一人ですよ」という声がきこえてきそうなので、そのあたりをもうちょっと詳しく扱っていきましょう。

自分の中にはたくさんの自分がいる

自分は自分――。

確かにそうなのですが、自分の中にはたくさんの人格の自分がいて、それぞれ大切にしているものが違う自分がいます。
たとえば、僕で言うと、

経営者の自分
コンサルタントの自分
サッキー（嫁）の夫の自分
オチビッタ（娘）の父親の自分
お母さんの息子の自分
日本人の自分
行動的な自分
怠惰な自分
優しい自分
冷たい自分

と、書き出せば100にも200にもなるくらい、自分の中にたくさんの自分がいます。そして、これは特に先進国の人間であれば誰でもそうなのです。

僕たちの中には、いろいろなモードの自分がいるのです。

それを踏まえた上で、たとえば、

「あなたが一番幸せを感じるときってどんなときですか？」

と、質問をしたときに、

「子供と一緒に遊んでいるときだね」

「パートナーと2人で過ごしているときかな」

「いや、やっぱり仕事に打ち込んでいるときかも」

「意外とゲームを朝から晩までしているときが幸せだな」

「大好きな美術館にいるときもいいし、美味しい食事をしているときが一番幸せかもー」


と、たくさん「自分を幸せにしてくれるもの」が思いつくかもしれません。

でも、これ全部を「同じ自分」が思っていると思うと混乱してしまいます。

同じ自分一人がこれらをすべて幸せだと思っていると、

「結局、自分にとって本当の幸せって何なんだ……」
「わからない……」
という状態になってしまう。

これは、自分を幸せにするには、子供と遊ぶことが一番幸せだと思っている自分と、仕事が充実していることが一番幸せだと思っている自分と、時間を気にせずゲームをしている自分が幸せだと思っている自分……と、それぞれ別の考えを持った自分が自分の中にいるのだと理解してあげる必要があります。

ここまでのことをまとめると、このような図式になります。

自分という一人の人間が違う考えをいくつも持っているのではない。

⇩

そうではなくて、自分の中に違う考え方をしている別の自分が何人もいる。

⇩

自分の中の「別の自分」は、同じ自分ではなく、それぞれ違う人格を持っている。

問題が起きるメカニズム

こう言うと、「それって、多重人格ってこと?」と思うかもしれませんが、実はとても近い表現だと思います。

僕は精神科医の知識はゼロなのでよくわかりませんが、自分の中にたくさんの人格を持った自分がいて、そのどれかが表面に出ているイメージだと思ってもらっていいでしょう。そして、どの自分が選択されているかは、ほぼ無意識で決まっているのです。

たとえば、あなたが新しい仕事の技術を身につけて、「これが私の生き甲斐だ!仕事をもっと頑張るぞー!」と決意して3カ月後くらいに、

「やっぱり仕事そんなに好きじゃないかも……」

「私は恋愛が大事だわ!」

と、婚活に走る。

などということは少なくないのではないでしょうか?

これは、このケースの人が仕事に向いていないとか、継続できない人間だから、とかではなく、仕事が大事だと思っている自分から、恋愛が大事だと思っている自分に変わったってだけなのです。

これはどちらも自分を幸せにしようとしているのですが、表面的には、

仕事を頑張ろうと思ったけど、続けられなかったワタシ

という問題として出てきて、自分を責めるようになることも少なくありません。

ただ自分を幸せにしようとしているだけなのに、責めるっておかしくないですか？

「自分を幸せにする方法が変わっただけ」なのに。

このように、自分の中にいろいろな人格の自分がたくさんいて、それは無意識で選択されてコロコロ変わっています。

自分の中にたくさんの自分がいて、無意識で選択された自分が表面上に出てきているだけのことで、どんな自分であっても自分自身を幸せにしようとしているのです。

もう一つ例をあげてみましょう。

たとえば、「友達は何人ぐらいいたら幸せか？」と考えたときに、自分の中でたくさんの答えが出てきます。

自分の中にいる、

自分Aちゃんは、「友達100人できたら幸せだな〜」
自分Bちゃんは、「友達は50人くらいが幸せだと思う」
自分Cちゃんは、「友達は10人くらいが幸せじゃない？」
自分Dちゃんは、「友達は2〜3人が幸せじゃないかな」
自分Eちゃんは、「友達とかいないほうが幸せ」

このように、自分の中の人格の違う自分A〜Eが自分の中に別々に存在していて、その誰もが、本体である自分自身を幸せにしてあげようと頑張っている。

これが「迷う」とか「悩む」という状態です。

「友達は100人できたら幸せ」と考える自分Aちゃんと、「友達はいないほうが幸せだ」と思っている自分Eちゃん。こんなに極端に違う考えを持つ自分がいるの？　と考えると混乱しますが、そういうケースはよくあります。

「お金を稼いだほうが幸せ」と感じている自分と同時に、「お金を稼げないほうが幸せ」だと感じている自分もいるくらいです（お金と幸せについては第4章で詳しく扱っていきます）。

全く考え方が違うのですが、どちらも自分なんだと受け入れてあげてください。

心の中で起きていること

「友達がいないほうが幸せだ」と思っている自分Eちゃん。

「だって友達がいないほうが精神的に乱されないし、気を遣わなくてもいいから、大切な時間を自分のためだけに使える」と考え、それが自分自身の幸せにつながっていると思っているので、別に友達をつくろうとしないライフスタイルを望んでいます。

一方、「友達は100人いたら幸せ」と考える自分Aちゃん。

「だって、いろんな友達がいたほうが刺激があるし、知らない情報なんかもたくさん得られるじゃない。いつも誰かしら友達に囲まれていたら淋しくないし」とAちゃんは考えます。

そして、自分自身の幸せのために「なんとか友達100人つくらないと!」と、積極的に友達をつくろうと自分を動かします。

すると、自分自身の意識も、「やっぱり友達はたくさんいたほうが毎日楽しいし、いろんな情報や視点が得られたり、切磋琢磨したり、励ましあったりする関係が持てるじゃない。そのほうが人生は豊かで幸せだよね」と、友達はいたほうがいいと思うようになってきます。

そして、友達をたくさんつくろうとするのですが、そうなると、「友達はいないほうが幸せになる」と思っている自分Eちゃんは、危機感を抱きます。

「ダメダメ。友達なんていないほうが幸せになるのに〜。友達が100人もできちゃったら自分が不幸になってしまうよ〜」

あせった自分Eちゃんはこう叫びながら、自分自身の幸せのために、何とか友達ができないように自分自身を仕向けるのです。


これが自分の心の中、内面で起きていることです。考えの違う別人格の2人が、自分自身の幸せのために、それぞれ違う行動を起こそうと仕向けている状態です。

こうなると、何が起こるでしょうか。

友達をつくりたいんだけど、うまく話しかけられない。

こういう「問題」として表面上には出てくるのです。

ものすごく大事なことですから、整理しておきます。

「友達をつくりたい」理由
＝
「友達を〇人作るほうが幸せになれるから」と考える自分がいる

「うまく話しかけれない」理由
＝
「友達がいないほうが幸せになれるから」と考える自分がいる

このように、意見の違う両方の自分が、それぞれ自分自身を幸せにしようと頑張ってくれているので、「友達をつくりたいはずなのに、人にうまく話しかけられない」という矛盾した状態が表面に出てきてしまうということなのですが、よく考えると、「友達をつくりたいんだけど、うまく話しかけられない」という問題を引き起こしている根本的な理由は、2つも3つもあるわけではありません。

そう、**「自分自身を幸せにしたい」という、たった一つの理由**しかないのです。

今、AちゃんとEちゃんの2人の例で説明しましたが、ここにBちゃん、Cちゃん、Dちゃんも加わるとどうなるでしょうか。

「友達が2、3人はいるけど、10人くらいは欲しいかな。でも10人いても足りないかも。もっともっと友達をたくさんつくりたい。そうは思うんだけど、結局、誰にもうまく話しかけられないのよね、そんな友達をつくれない私なんてダメ……」

とまあ、訳がわからない状態になります。

AちゃんとEちゃんという2人の自分だけならまだシンプルですが、違うことを考えている自分が5人もいると、表面に出てくる問題はぐちゃぐちゃな感じになりそうじゃないですか？

実は、これ以上に複雑なことが、日常的に僕たちの心の中で起きていることなのです。

でも、どれだけ複雑になっても根本のシンプルな法則さえ忘れなければ大丈夫。

問題は苦しませるために起きているのではなくて、幸せになろうとして起きているということです。

問題が起こる、ただ1つの理由

お金でも仕事でも人間関係でも、問題という問題はすべて一緒です。

すべての問題は、あなたの中にいる複数のあなたが、別々の方法であなたを幸せにしようとしているという、そのただ1つの理由によって起こるのです。

僕たちは、勝手に幸せになるようにプログラミングされている。

序章で繰り返し述べた、絶対不変の原理です。

朝起きて「さぁ〜て、今日も不幸になってやるか〜」と思っている人はいません。

どんなに不幸だと思えるような状況であっても、それが自分にとって幸せに近づく道だと思っている。

そう思っているから、その状況にいるのだということです。だから大切なことは、

その自分がどんな自分であれ、必ず自分の幸せのために存在してくれている、という
ことを知ること。

あなたの中にいる自分Aちゃんも Bちゃんも Cちゃんも、みんなあなたを幸せにしようとしている。そんなありがたい状況なのに、それが理由で問題が起きてきてしまいます。

自分のために、みんなが良かれと思って、一生懸命に自分を幸せへの道を示してくれようとした。でも、そのことが原因で、問題が起きてしまう。

逆に言えば、僕らはどの自分も責められないことを無意識にわかっていて、だからこそ、悩むのだとも言えるのです。

自分の中の自分は、愛情100%で出来ている

自分の中に異なるいくつもの考えの自分がいて、バラバラの意見を言うので問題が起

こる。そこを何とかすることができればいいのです。

何人もの自分がいて自分が自分に振り回される。そこに悩みや苦しみが生まれるわけですが、大事なことは、ただ一つです。

あらゆる問題は自分を幸せにしようとして起きていて、あらゆる問題は、愛情100%の成分からできています。

これだけは忘れないようにして欲しいのです。

自分の中にいる何人もの自分が、みんな自分の幸せのために頑張ってくれている。そのことをちゃんとわかってあげて、自分のことを見てあげて欲しいのです。

そうすれば自然と、自分の中の自分に対する感謝の気持ちが湧いてきます。

そして、その気持ちがあれば、何か問題が起こったときでも、自分に対してイライラするのではなく、やさしい気持ちになれるかもしれないし、何よりも自分を責めるということが少なくなると思います。

「いつも頑張ってくれてありがとね」

「自分のために一生懸命考えてくれているんだよね」

と言えるような感じになってくると、自分に対する捉え方が変わってきます。

すると、現実の人生も大きく変わってくるのです。

どのルートをたどっても幸せになれる理由

人は勝手に幸せになるようにプログラミングされている。

ということは、人は、どの道、どのルートを選択しても、最終的には同じ「幸せ」というゴールにたどり着くように出来ているということです。


あるセミナー講師の方が言っていたのですが、たぶん人の心は、地球みたいな球体になっているのです。たとえば、今、この場所（日本）からスタートして日本の真裏にあるブラジルを目指して歩きだすとします。

日本から西に向かって歩こうが、東に向かって歩こうが、北へ向かおうが、南に向かおうが、日本から360度どの方向に行っても最終的には真裏にあるブラジルにたどり着くことができますよね？「だって、地球は丸いから」というわけなのです。

それと同じで、人の心も地球みたいな球体だから、自分がどの行動を取ったとしても、最終的に自分が望んでいる場所に行き着く。西へ向かったとしても東へ向かったとしても、同じ場所にたどり着く。僕はそう思っています。

ただ、どのルートを選んでもゴールにたどり着けるのですが、そのことを理解していないと、こっちかな？　あっちかな？　と迷ってばかりいてスタート地点付近から一歩も動けない状態になりかねません。

一度は西へ向かってみたけれど、途中で「ブラジルならあっち。あなた、逆のほうへ来ちゃってるから」と囁く声を真に受けて、「あっ、間違っていたんだ」と、向きを変えて東に歩きだす。そして東に進んでいると「実はブラジルって西にあるらしいよ」と教えてもらってまた西に向かって進み出す。


同じところをずっと行ったり来たり……。

これ、一番たどり着かない方法です。


どのルートからでも目的地に行けるとわかっていたら、あとは好みの問題です。

じゃあ、ちょっと遠回りだけれど中国経由で行こうかとか、北極を見てみたいから北回りで行こうかとか、寄り道して行ったとしてもいつかはたどり着くのだから、好きに決めればいいのです。

でも、そこをわかっていないと「どっちへ行けば目的地にたどり着くんだろう？」と迷ってしまいますよね。

どっちに行っても着くのだから、どっちも正解なのだけど、どっちかが正解でどっちかが不正解、間違った道を選ぶと自分の望むところへはたどり着けないと思い込むと、「う～ん、どっちだ？」と迷い続けて、どっちにも足を踏み出せないみたいな感じになりま

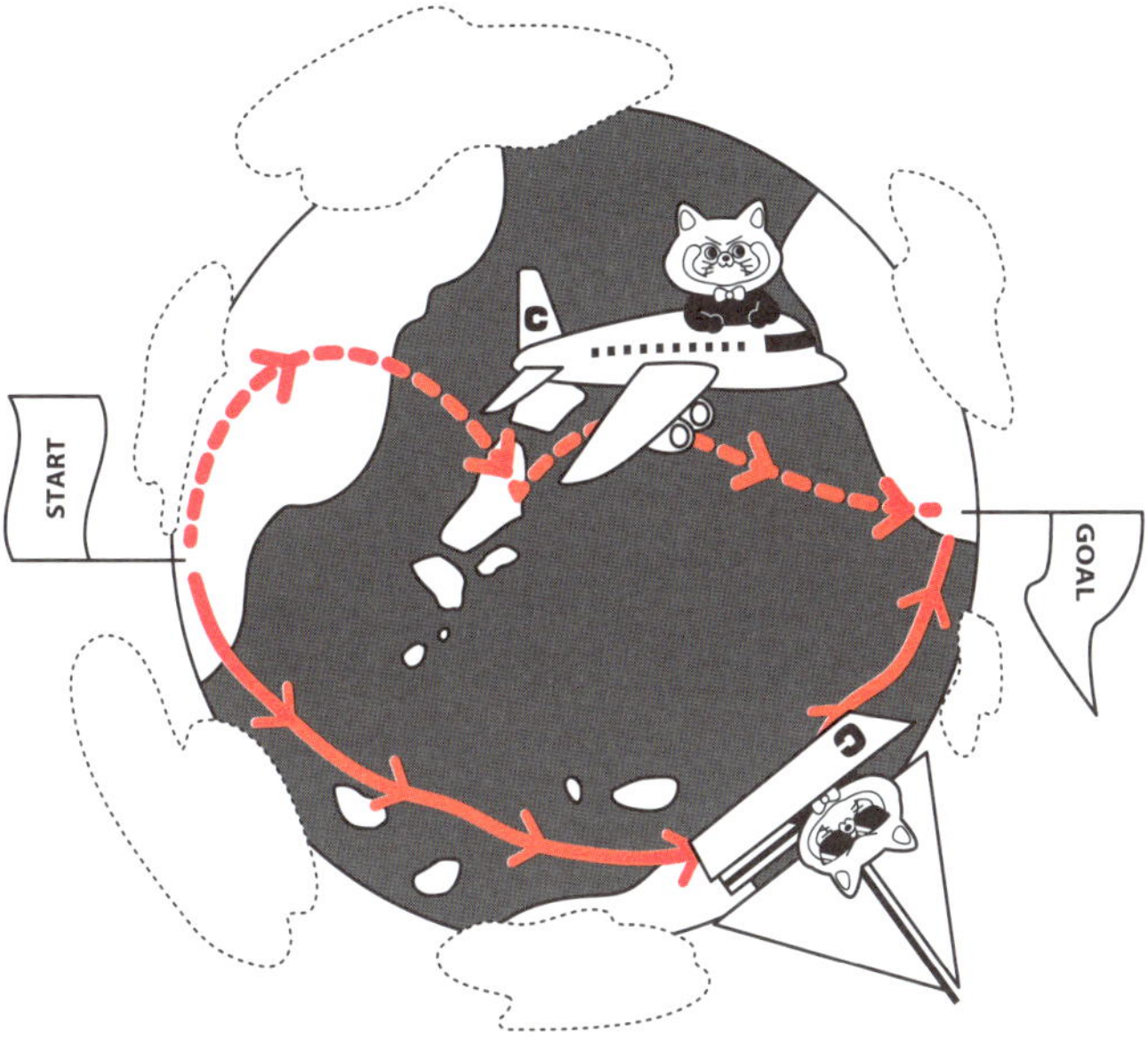
START
GOAL
C
C

す。

これが「迷う」とか「悩む」という状態です。

迷ったらどっちでもいい

ここまで読んでいただいて、「自分の心の仕組み」にびっくりされた方も多いのではないでしょうか？　今まで聞いたことのない考え方を聞いて、うまく情報が処理できてない方もいるかもしれません。

まとめますと、

自分の中の自分は、自分の幸せを心から願ってくれている。
自分の中の自分は、常に自分自身を幸せな方向に勝手に導いてくれている。
自分の中の自分は、自分の目的地（ゴール）を知っている。

ただ、**それを実現する方法がたくさんありすぎるので「問題」が発生する**だけなのです。

なので、1章の最後に「人生でとても役に立つ言葉」をお伝えしておきます。

それは、

迷ったときはどっちでもいい（どーん）

です（笑）。

あなたが迷ったときに、「どの方法が正しいのか？」で悩むことがいちばん時間と労力のムダです。

なぜなら、最終的にはどの方法も正しいからです。


自分の中の自分はゴールを知っていて、必ずその方向へ自分を連れて行こうとしてくれています。どちらにしようか悩むというのは、富士山を西側から登るか、東側から登るかを地上でずっと悩んでいるようなもので、東京駅から新宿駅まで山手線で外回りで行くか、内回りで行くかずっと駅のホームで悩んでいるようなものです。

西から登っても、東から登っても富士山の頂上にはたどり着くし、山手線の外回りでも内回りでも新宿にはたどり着きますよね？

これと同じように、迷った時点でどっちでもいいのです。迷った時点でどちらも正解で、どちらも（最終的には）あなたの幸せにたどり着くようになっているのです。

だから、「どっちの道が正しいか？」では、答えは出ません。

なぜなら、どちらも正しい道だからです。

僕たちは学校のテストの影響か、「何か1つが正解でそれ以外は間違っている」と刷り込まれています。でも、それって学校のテストくらいで、社会に出るとその考えは足かせになることのほうが多いでしょう。

人生に正しさを求めていると苦しくなる。
なぜなら、人生は正しいものだらけだから。

人生に、正解はメチャメチャたくさんあるのです。

そんな正解だらけのやさしい世界なのに、「一つの正しいもの」を見つけようとして、探して、悩んで、結局何もできなかったり、時間だけが過ぎていくような人がほとんどです。

だから、**好きなほうや、何となくワクワクするほうに決めればいい**のです。

そういうふうに生きている人たちは、何だかんだうまくいっていませんか？

何を選んでも、どうせ幸せな状態にたどり着くようになっているということは、あなたはどれを選択しても幸せの方向に向かうように出来ているのです。

第２章

人生がうまくいく人と、いかない人の違い

～なぜ、あなたの問題は解決しないのか？

情報からの恩恵はすごいけど……

　今、僕たちが幸せに生きるために、そして自分らしく生きるために最も大事なスキルは、「情報を選択するスキル」だと思います。

　インターネットがインフラになって、毎日たくさんの情報が入ってくるようになりました。

　テレビを見ていると、自分が知らない地域のニュースや自分が知らない人が成し遂げたことなどを知ることができます。本屋さんに行けば、専門的な知識や過去の偉人の生き方、遠い国のすごい人の考え方、憧れているあの人のストーリーなどをすぐに知ることができます。

　わからないことや知りたいことも、スマホで検索すればすぐに知ることができるし、講演会などに行けば今活躍している人の考え方など知ることができるでしょう。

　そんなたくさんの人の考え方を知ることができるのは素晴らしいことで、明治維新のときとかは、先生の教えを求めて何カ月もの時間をかけて歩いて訪ねて行き、お話を聞かせてもらったりしていたと本で読んだことがあります。それほどまで知りたかった「情報」というものが、今では簡単に手に入る時代です。

これは、ちょっと前では考えられないくらいの恩恵で、一昔前からすると夢のような世界に僕たちは生きているのだと思います。


そうやってたくさんの情報に触れることができると、「たくさんの考え方」ができるようになります。

すると、今までは自分だけの視点しかなかったようなことに、あの人はこういう考え方をしている、この人はこう言っていた、でも、さっきみた本にはこう書いていたと、一つの物事に対していろいろな考え方、いろいろな捉え方が柔軟にできるようになります。

すると、視野が広がったり、解釈が柔軟にできるようになり、人生に対しての自由度が増します。いろいろな人の意見や考え方を受け入れることもできるようになります。

これは、現代社会に生きているとても大きな恩恵だと言って間違いないでしょう。

「やりたいことがわからない」病

しかし、その情報に触れることでデメリットも発生しています。僕は「やりたいことがわからない病」と呼んでいるのですが、もしかしたら、この本を読んでくださっているあなたにも当てはまるかもしれません。「自分のやりたいことがわからない」という人がとても多いのです。

いろいろな要因はあるのですが、最も大きな要因は「情報がありすぎるから」だと僕は思っています。

情報がありすぎるとどうなるかというと、あの人はこういう考え方をしている、この人はこう言っていた、でも、さっき見た本にはこう書いていたと、当然ですが、人によって違う発言を聞くことになります。

そして、多くの場合、それらは矛盾していることでしょう。

たとえば、僕は昔、成功している人に話を聞きに行ったり、そういう人の本とかを読

んで研究していた時期があるのですが、

ある人は、
「お金持ちになるには、自分の好きなことをやりなさい」
と言っていたのに、
「お金持ちになるには、人がやりたくないと思う事を率先してやりなさい」
と言う人もいたし、
「リラックスしているから成功した」
と言っている人もいれば、
「自分を追い込んでいるから成功した」
と言っている人もいたし、
「人のアドバイスをよく聞いてきたことが良かった」
と言う人もいれば、
「人のアドバイスではなく、自分で考えてきたことが良かった」
と言う人もいたし、

「お金の事は考えなかったからうまくいった」
と言う人もいれば、
「お金をしっかりと管理したからうまくいった」
と言う人もいたし、
「一流の人に会うために、時間とお金を投資した」
と言う人もいれば
「一流の人が会いに来たくなるような自分になるために、時間とお金を投資した」
と言う人もいて、

あの…………、正解どれっすか…………？

というような状態になってしまったことがあります。

でも、これはそれぞれ自分が思っていることを教えてくれているだけで、全部正解なのです。全員説得力があるのです。するとどうなるかというと、あの人のこういう考え方はきっと正解だ！
でも、この人のこう言っていたこともよくわかる！
さっき見た本にはこう書いていたけど、実はこれこそが正しいのかもしれない！
と、「たくさんの正解」が自分の中にできてきます。

たくさんの人の考え方を聞いて、どれも納得できるものだから、たくさんの考え方を理解していると、「本当のところ、自分がどう考えているのかわからなくなる」という状態になるのです。

あなたの頭の中に膨大な情報が入ってきて、いろいろな矛盾する考えを受け入れることができたり、いろいろな視点で物事をとらえることができだすと、

いろいろな考え方ができるがゆえに、「本当のところの自分の答え」が自分でわからなくなってくるのです。

これが「やりたいことがわからない」最大の原因となっているのだと思います。

でも、「それが幸せのプログラミングにどう関係するの？」と、あなたは思ったかもしれませんが、〝メチャクソ〟で関係があります。

ダイエットができないメカニズム

第1章でお伝えしたように、悩んでいるときは自分一人が悩んでいるのではなくて、自分の中にいる別々の人格同士が衝突しているだけです。

なので、たくさんの情報に触れて、たくさんの考え方に触れている僕たち現代人は、自分の中にいる自分がどんどん増えていっているということです。

すると、どうなるか？

たとえば、あなたの友人2～3人があなたのことを本気で幸せにしようと全力で頑張ってくれると、きっとあなたは幸せな状態になるでしょう。

そして、あなたの友人300人があなたのことを本気で幸せにしようと全員が全力で頑張ってくれると、きっとあなたはクッッッッッッソ幸せな状態………にはならないと思います（笑）。

なぜなら、幸せの定義も幸せの考え方も、異なる300人の人がそれぞれのやり方であなたを幸せにしようとしても、きっとモメるだけだからです。

たとえば、

あなたが痩せて恋人を作ったほうが幸せだと思っている人もいれば、太っている自分でも愛してくれる男と一緒のほうが幸せだと思う人もいるでしょう。

痩せたほうが男にモテるから幸せだと思っている人もいれば、男はぽっちゃりが好きだから、太っていたほうがモテて幸せだと思っている人もいる。

今の自分はダメだから痩せたいと思う人もいれば、自分は頭も良くて可愛いので、スタイルまでよかったら他の女性に申し訳ないから太っていようと思う人もいれば、別に困らないから今のままの体型でよくね？　って考え方の人もいることでしょう。

そんな感じで、これだけのいろいろな考え方をしている人がたくさんたくさんいて、それぞれが自分のやり方であなたのことを全力で幸せにしようとしたときに、人数が多ければ多いほどモメごとしか起きないはずです。

そう、それと全く同じことがあなたの中でも起きているのです。

たとえば、あなたが太ってくると、

「痩せたほうがいいと思っている自分の中の自分たち」はあなたを全力で痩せさせようとしてきます。

鏡に映った自分に幻滅させてみたり、

ダイエット商品が目につくようにしてみたり、

痩せている人ばかりが目について、今のままじゃヤバいと自分に思わせたり、

憧れている人に近づこうとしたり、

と、ダイエットのモチベーションを上げたり、ダイエットをする正当な理由を自分に

引き寄せます。

一方、痩せようと食事制限をしたり、運動をはじめたりした自分を、「太ってたほうが幸せだと思っている自分の中の自分たち」から見ると、自分自身が不幸になっていっているように見えます。

なので、自分自身を幸せにするために、ダイエットをやめさせようとします。

今日くらいはいいか！　と思わせるような豪華な食事会の予定を引き寄せたり、運動の習慣を崩してしまうような仕事がどんどん入ってくるようにしてみたり、食べたいときに食べたいものを食べるのが幸せだよねって思えてきたり、太っているのがダメなんじゃなくて、太っているのはダメだという自分の考え方の方を先に変えるべきだ！

とか言い出したりして、ダイエットが出来なくてもいい正当な理由を引き寄せ始めます。

「自分を幸せにしよう合戦」

こうなると表面的には、「ダイエットをしたいんだけどできない」という問題として出てくるのだけど、自分の内側の心の中では、「自分自身を幸せにする戦い」が行われているのです。

「自分を幸せにしよう合戦！」が行われている結果として、問題が出てきているだけ、ということです。

だから、第1章で繰り返しお伝えしたように、太ってようが、痩せようがあなたの目的は1つで、あなたを幸せな状態にしてあげようとしているだけだということ。

ダイエットできようが、ダイエットできなかろうが、どちらになったとしても、それはあなたの中のあなたが、そっちのほうが幸せになると思ったからそうなっただけということです。

だから、現代のように情報があふれていて、しかも、あなたが勉強が好きで、たくさんの人の考え方を理解できるようになればなるほど「自分の中の自分」が増えていって、自分の内側でのモメごとは多くなるということですね。

そうなってくると、同じような問題がずっと続いたり、やりたいことがわからなくなる、なんてことが起きてきます。

それは、あなたがダメだからじゃなくて、あなたに能力がないからってわけでもなくて、あなたに続ける根性がないからってわけでもありません。

自分の中にたくさんの自分が増えていっていて、それぞれが自分を幸せにしてくれようとしている。そういう「情報があふれた社会特有の症状」だっていうだけで、現代社会に生きていれば誰にでも起こる現象なのです。

社員数が少ない家族経営の会社だと、社員さんが一致団結して働くのは簡単だと思いますが、社員数が数万人の大企業で、社員さん全員が一致団結して働くのは並大抵のことではありません。

それと同じように、あなたの中のあなたが増えていけばいくほど、あなたの中のあなたはあなたを幸せにしようとしていますが、人数が多すぎるのでなかなか幸せの方向に進まないいってだけなのです。

ここで大事なことは、

何か問題が起きたときに、
「自分はダメなやつなんだ……」じゃなくて、
「『自分を幸せにしよう合戦』が起きているんだ！」と気づいてあげること。

それだけで、少なくとも「自分を責める」ということはなくなってきます。

問題の10割はダミーです

では、同じように情報があふれている社会に生きているのに、うまくいっている人とうまくいっていない人の差が出るのはなぜだろう？

うまくいっている人は何か特別なことをしているの？

「幸せのプログラミング」の仕組みはわかったけど、どのように活用するの？

このような疑問がふつふつと湧いてきている頃だと思います。

ここからは、うまくいっている人たちの秘密を探っていきたいと思います。

「いかなる問題も、それをつくりだした同じ意識によって解決することはできません」

アインシュタイン博士が言っているように、目の前で問題が起きたとき、そのままの状態で問題を解決しようとしても解決できません。

一時的に解決したように思えた問題も根本的には解決されていないということで、僕たちが人生で何度も同じような問題に悩まされるのはこういう理由です。

この「目の前の問題」にどのように対処するかが、人生の違いを決めます。

たくさんの人を観察していてわかったのですが、スイスイ人生が進んでいく人と、いつも問題に悩まされている人では、目の前の問題に対して真逆の対応をしているものです。

うまくいっていない人は目の前の「問題」にずっと意識がとらわれていて、うまくいっている人は「問題」の先にある「目的」に意識が向いています。

これは、単に「問題から目を背《そむ》けている」とか、「ポジティブシンキング」とか、そういうことではありません。

順を追ってご説明しましょう。


うまくいっている人は、問題よりも「目的」を意識しています。

目の前の問題にとらわれずに、自分に必要なことを見つけるのが上手な人だと言えるかもしれません。

僕は「Cトレ」という講座をしているのですが、そのときの受講生とのやりとりをご紹介させてください。

その女性は「友達をつくりたいけど、うまく友達がつくれない」という問題を抱えていました。

友達に自分の話を聞いてもらったりしている人を見ると、とても羨ましくて、自分もそういう友達をつくりたいと思うのですが、うまくそのような友人をつくることができない。そのことを問題に感じているというものでした。

友達がいない自分を惨《みじ》めに感じたり、うまく人の輪に入っていけない自分を責めたりしてしまうときもあるようです。

ここで心理学の知識がある人は、友達をつくることよりも友達をつくらないことにメリットを感じているからそうなっている、と思うかもしれませんが、それは極めて表面的な話です。

ここでは、もうちょっとだけ丁寧に、彼女の心の中で起こっていることを見ていきましょう。

このような場合は、**「友達をつくりたい」と思っているけど、「友達をつくりたくない」とも同時に思っている**ということです。

そして、何度も言いますが、これは同じ自分が思っているわけではなくて、「友達をつくりたい」と思っている自分と「友達をつくりたくない」と思っている自分がいて、それぞれが自分を幸せにしてくれようとしているという状態ですね。

「友達がいないことで発生しているメリットがあると思うのですが、それって何ですか？」

僕が尋ねてみると、

「あまり周りのことを気にせずに、好きなことができることですね」と彼女。

そうなると、反対意見も言われないし、ワンマンで何でもできて面白くなる。

そうなると、誰も私を止められないくらい活躍できて、想像もできない私になれると思う、と言っていました（以下、参照）。

■受講生の回答（回答に対して順番に「そうなると、どうなると思いますか？」の質問を繰り返した結果）

反対意見を言われなくなる

⇩
ワンマンでなんでもできて面白くなる
⇩
誰も私を止められないくらい活躍できる
⇩
想像もできない私になれる

次に僕が、

「では反対に、話を聞いてくれる友達をつくりたい理由はなんですか?」

と聞いてみると、

「友達ができて話を聞いてもらえると、自分の気持ちをわかってもらえる」

そうなると、「そっか、これでいいんだ」という安心した気持ちになれる。

「その安心感があると、何でもいろいろとやれるようになるから、誰も私を止められないくらい活躍できて、想像もできない私になれると思う」

と、言っていたのです（以下、参照）。

●受講生の回答（回答に対して順番に「そうなると、どうなると思いますか？」の質問を繰り返した結果）

「そっか、これでいいんだ」という安心した気持ちになれる

⇩

その安心感があると、何でもいろいろとやれるようになる

⇩

誰も私を止められないくらい活躍できる

⇩

想像もできない私になれる

そう、全く同じことを言っていますよね？

ここでちょっと整理してみましょう。

この女性は自分が想像もできないくらいパワフルに活躍していくことを望んでいて、そのために**「友達をつくらずに、周りのことを気にせずにいられる自分でいたい」**と、思っている自分と、**「話を聞いてくれる友達がいて『これでいいんだ』という安心感に包まれている自分でいたい」**と思っている自分がいました。

どちらも自分を幸せにしようとしてくれているから、**「友達をつくりたいけど、うまくつくれない」**という「問題」が生まれ、悩んでいたのです。

僕はもう少し質問してみました。

「では、その誰も私を止められないくらい活躍するのに最も大事なことってなんですか？」

すると、彼女は言いました。

「心から応援してくれる人の存在。それは具体的には私の家族です」

そう、この女性の本当の目的である「私を止められないくらい活躍すること」の解決策は「家族関係」にあったのです。心から応援してもらえるような絆や、何でも話ができるようなコミュニケーションが解決の鍵になるのかもしれませんね。

なので、**目の前の「友達をつくりたいけど、つくれない」はダミーの問題で、この女性がフォーカスすべきポイントは「家族関係」**ということです。

ここで、解決の鍵が「家族関係」にあるのに、「友達をつくれるように努力しよう」とか、「友達がいなくても平気なメンタルになろう」とか、ダミーの問題そのものを解決しようとしても解決できません。

一時的に解決したように見えることもあるのかもしれませんが、また同じような問題が必ず起きます。

目の前の問題の奥にある「目的」にフォーカスしていると、人生がスムーズに進んでいくし、気がついたら目の前のダミーの問題も消えていきます。

人生がうまくいっている人は、この問題の奥にある本当の目的に気がつくのがうまい人なのです。

目の前に起こっている問題は、本当の問題ではない。
解決すべき問題は別のところにある。

ということを、意識的または無意識レベルで理解しているのだと思います。

なぜかうまくいく人の行動

「目の前の問題」ではなく「本当の目的」にフォーカスすることができると、「自分の中にいるたくさんの自分」に惑わされることがなくなるので、より本来の力を発揮しやすくなります。

たとえば、「もっと仕事をバリバリやりたい！」、だけど「なんかやる気になれない」

と「問題」を感じているとしましょう。

これは、「バリバリ仕事がしたいと思っている自分」と「仕事なんかやらないほうがいいと思っている自分」が同時にいる状態ですよね。

で、何度も言いますが、どちらの自分も必ず「自分を幸せにしよう」と思ってくれています。

このケースの「目的」を、仮に**「家族と一緒にもっと遊びたい！」**ということだったとしましょう。

そのために「バリバリ仕事をして、お金を稼いで家族と遊べるようにしよう」と思っている自分と、「仕事量を減らして、家族と遊べるように時間を確保しよう」という、2人の自分が自分を幸せにしようとしてくれているだけなのです。

でも、ここで多くの人は悩みます。

問題の奥にある「目的」がわからないからです。

「バリバリ働く」VS「やる気になれないから働かない」

どっちが正しいのか？　となってしまうわけです。


「なぜかうまくいっちゃう人（人生で結果を出す人）」はここが違うのです。

そういう人は「家族と一緒にもっと遊びたい！」ってことが「目的」だと自然にわかっちゃう人なのです。

こういう人は、ごちゃごちゃ考えずに、すぐにそれを行動に移しちゃいます。

目の前の問題は放置して「今のこの状態で、もっと家族と遊ぶこと」をするのです。

「なぜかうまくいく人」というのは、誰に教わったわけでもないのに、こういうことを自然とできて、自然と本来の力を発揮できる人なのです。

問題の奥に「本当の目的」がある

大事なところですから、うまくいく人の考え方と行動を整理しておきましょう。

目の前に問題（悩みや迷い）が起こる
⇩
問題は、実は「同じ目的」を達成しようとしていると理解する
⇩
「目的が一緒なら、どっちでもよくないか？」と思えてくる
⇩
「じゃあ、自分が本当にしたいこと、望むことは何なんだ？」ということを探る
⇩
本当の目的がわかる
⇩
目の前の問題が消える（存在理由がなくなる）

というイメージです。

うまくいく人は、自然と問題の奥にある本当の目的に気がつく人なのです。

人生がうまくいかない人がすべきこと

先ほども言ったように、人生がうまくいく人は「目的」にフォーカスしていますが、人生がうまくいかない人の多くは目の前の問題、「ダミーの問題」にとらわれています。

そろそろ耳にタコができている頃だと思いますが、何度でも言います。

目の前の問題は10割、ダミーの問題です。

そして、その目の前の問題への対処の仕方で人生の結果が変わります。

目の前の問題に、一生懸命に努力して問題解決に取り組んでも、時間をかけて問題を解決しようとしても、勇気を出したとしても、あまり解決できなかったり、また同じような問題がずっとつきまとってくるような感覚になっている人は多いかもしれません。

もし、あなたがこのような状態なのであれば、

「目の前の問題を放置する」

ということが最初の一歩です。


とても怖いことだと思います。

しかし、目の前のダミーの問題に意識を取られていると、本当の目的に意識が向かなくなります。

だから、目の前のダミーの問題にとらわれないということが問題解決で最も大事なことなのです。


極端な表現をさせてもらえば、目の前のダミーの問題を解決しようとしている行為こそが、問題解決から最も遠ざかる行為だと言えます。

目の前の問題を勇気を出して放置してみる。すると、今まで見えなかったものが見えてきて、本当の目的に気がつく余裕が生まれるものです。

目の前の問題は放置する。

目の前の問題ではなく、本来の目的に意識を向けられる状態を自分につくってあげる。

「問題解決のワナ」にはまらないことがスタートです。

第3章

行き先は「ダメな自分」に聞いてみよう

「ダメな自分」に最大の魅力が隠れている

前章までのところで、自分が本当に行きたい目的地にたどり着くには、目の前の問題に振り回されていてはダメですよ、その奥にある「自分の本当の目的」に目を向けてください、ということをお伝えしました。

でも、「本当にやりたいこと」「本当に望むもの」って何なのか、わからない人が多いのが現代だっていう話もしましたよね。

そういう人は「自分が得意なこと」や「自分らしさ」「自分の魅力」といったものがイマイチわからないという人だと思います。

そこで、衝撃的な事実をお伝えしましょう。

あなたの「才能」や、
あなたの「魅力」や、
あなたの「あなたらしさ」は、

たいてい「自分がダメだと思っているところ」にあるものです。

あなたがイケてないと思っている自分。
あなたが出したら人から嫌われると思っている自分。
あなたが他人にバレないようにずっと隠している自分。
あなたが無いことにして抑え込み、上から漬物石でフタをしている自分。

そんな「嫌っている自分」や、そんな「人に見せたくない自分」に、あなたの「魅力」や「あなたらしさ」が隠れているものなのです。

自分がコンプレックスだと思っていたところが実はチャームポイントだった、というのは、モデルさんなんかによくある話らしいのですが、同じように、**人から羨ましがられる部分って、意外と自分は短所だと思っている部分だったりする**らしいのです。

とは言え、もちろん僕も、「ダメな自分」にずっと悩まされていました。

学歴がない自分
彼女がいない自分
経営者なのにビジネスに興味が持てない自分
あの人みたいになれない自分
毛深い自分
人とうまく喋れない自分
とか、そーゆー自分です。

でも、ダメだからといって、それを克服しようと努力をしたわけでもなくて、ダメじゃないフリをして隠すことばかりしていました。

中卒はダサいと思っていたので、学歴を隠していたり、
女性にトラウマがあるから彼女ができないと、変な言い訳をしていたり、
経営者の話とか本とかクソつまらないのに、興味があるフリをしたり、

自分以外のスゴイ人になりきろうとしたり、
毛深いのを見られたくないので、夏でも長袖、長ズボンだったり、
無理して社交的なフリをして、行きたくもない食事会に出てみたり……。

そんな「ダメな自分」を隠すことばかりに人生の時間を使っていて、自分を表現するってことに全く時間を使ってあげられてなかったな……。

今思うと、とても悲しい気持ちになります。でも、あるときから「ダメな自分を隠す」ということをやめました。

僕を覚醒させた衝撃のひと言

たとえば、僕のダメな自分は「学歴がない」ということでした。

学歴がないことがすごく恥ずかしいことだと感じていて、いつも隠してずっとバレないように過ごしていました。

でも、面白いことにそのダメな自分を隠しているときよりも、ダメな自分を隠さない

ようにしてからのほうが、圧倒的に人生のすべての分野で結果が出ています。

そう、ダメな自分を隠すのをやめたら、劇的に人生が変わっていったのです。

そのきっかけとなったエピソードをご紹介しましょう
5～6年前、友人の実業家である本田晃一さんと、明治神宮の芝生の上で寝っ転がりながら話していたときのことです。
芝生にビニールシート敷いて、缶コーヒーを片手に寝っ転がりながら、とても打ち合わせをしているようには見えない状態で「仕事の打ち合わせ」をしていました。

僕は若いうちから経営者として生きてきて、そこそこうまくもいっていたので、

「若いのに社長ですか！　スゴイですね！」

とか、

「ビジネスオーナーってかっこいいですね！」

みたいに言われることが結構多かったのです。

それで、なんか「スゴイ人」っぽく言ってくれる人がいるから、僕は「スゴイ人でい

ないとイケナイ！」と勝手に思い、勝手に「期待にこたえよう」としていました。

「僕は優秀な人間じゃなくちゃいけないんだ！」と思い込み、なんとかスゴイ人だと思われようと、いつもクールで優秀な人のフリをしていたのです（笑）。

そんな自分だったので、

「学歴がない自分」

「ナマケモノの自分」

「経営者なのにビジネスに興味がない自分」

「そもそも全く優秀ではない自分」

といった自分の中のダメな自分は、完全排除。バレないように隠そうとしていました。

全然優秀な人じゃないのに、さも優秀な人かのような発言をしたりだとか、ビジネスにあまり興味がないのに、ビジネスのセミナーとかに参加したりだとか、「どこの大学出身？」」みたいな話になると、忍者のようにその場から消えたりとか……。

まあ、簡単に言うと、カッコつけて、頑張って「優秀なフリ」をした毎日を送っていたのです。

そんなある日、「ダメな自分」がバレないようにしている僕に向かって、明治神宮の芝生の上で、本田晃一さんが突然こんなことを言ったのです。

「しーくん（僕のことです）ってーさぁ〜、クズじゃん？　なんで優秀な人のフリしてんの？　似合わね〜」

人として最低な発言だと思いませんか？（笑）

でも、不思議なことに、僕の心はそれでとても軽くなったのです。

「あ〜僕、たしかに優秀な人のフリしてたわ〜」

って、

「知らず知らずのうちに、めっちゃ自分を偽ってたわ〜」

って、

そのとき初めて自覚することができました。

感覚がマヒしていて、「ダメな自分を隠している」ということすら気がつかなかったのです。

そこから、「ダメな自分」を隠すことをやめはじめました。

学歴も隠さないようにして、わからないことをわかっているフリとかしないで「わかりません」と正直に言うようにして、社交的な人のフリをせずに、行きたくない集まりには一切行かないようにしだしました。

すると、どうなったか？

僕の人生は、ドえらい勢いで変化していきました。

「ダメな自分」を隠していたときよりも生きやすくなったし、ビジネスやお金で結果も出るようになったし、何より、自分らしく生きているという感覚が強くなりました。

おそらく、今までは「ダメな自分」を隠すことにエネルギーを使いすぎて、本当に大事なことにエネルギーを使えなかったのだと思います。

「ダメな自分」は隠していると重荷になるけど、晒していくと「魅力的な自分」に変化していきます。

ダメな自分に才能が隠れている。

この言葉通りの体験をしたのです。

もう一人、僕の友人で心屋仁之助さんという方がいらっしゃいます。ベストセラー作家であり、おそらく日本で一番有名なカウンセラーだと思います。

毎日のようにチャットをしていて、気のいいお兄ちゃんという感じの心屋さんですが、彼もとても面白いことを言っていました。

「中卒のしーくんが楽しそうに生きているだけで、たくさんの人に勇気を与えるやん。それ、すごい才能」

という言葉です。

たしかに「中卒」とか「人見知りで友達少ない」とかを隠さないようにしてから、そこに魅力を感じてくださっている方が増えたように思います。

それを「才能」と表現してくれたことがとても嬉しかったのです。

僕が中卒なことを隠していたら、その「才能」は発揮できなかったことでしょう。

ダメなところに才能が眠っている

「ダメな自分」を隠していたら、「自分の才能」も一緒に隠してしまうのです。

たとえば、

「すぐ心配してしまう自分を変えたいんです」

っていう人がいたとしても、

「心配する」人って「心配り」ができる人なんです。

心配しなくなっちゃったら、心配りもできなくなっちゃうんです。

「すぐ怒ってしまう自分を変えたいんです」

っていう人がいたとしても、
怒りっぽい人って情熱的な人なんです。

その怒りのエネルギーを抑えちゃうと情熱のエネルギーも抑え込んでしまうんです。

怠惰な人は、人生を楽しむユニークさを持っていて、批判的な人は冷静に思考できる人なのです。


自分の「ダメ」なところを、イケてないところを、バレたくないところを隠そうとすると、自分の素晴らしいところも、才能があるところも、人生で表現したいことも一緒に隠してしまいます。


心配しなくなったら心配りができなくなるんです。

怒らなくなったら、情熱的になれなくなるんです。

逆に言うと、

自分の「ダメ」って思っているところを隠さないようにすると、自分の「才能」が解放されやすくなるということです。

ダメな自分を変えようとするんじゃなくて、ダメなままの自分を好きになったほうが明らかに人生は豊かになる。

昔の自分に言ってあげたい言葉です。

「嘘のダメ」に注目！

「自分がダメだと思っているところに才能が隠れている」

こう言うと、

「いやいや、才能がないからダメだと思っているんじゃないか」

と、そんな声が聞こえてきそうですね。

注意していただきたいのが、「ダメ」には2種類あって、**「本当のダメ」と「嘘のダメ」**があるということです。

本当のダメは、本当に才能がないことです（笑）。

でも、これは落ち込むようなことではないのです。

たとえば、魚が空を飛べないからと落ち込んで「自分なんてダメ」と言っていたらどうでしょうか？

それ、あなたがすることじゃないよねと感じませんか？

これと同じようなもので、本当のダメはあなたがするべきことでも、あなたの役割でもなくて、得意な人から力を借りるポイントです。気持ちよく助けてもらいましょう。


そして、注意すべきなのが「嘘のダメ」です。

これは魚が**「自分より早く泳げる魚がいるから自分なんてダメ」**と言っているようなものです。

気持ちはわかりますが、魚の才能は明らかに泳ぐことですよね？

そんな、自分よりもできる人と比べて「自分はダメ」だと思い込むケース。これは「嘘のダメ」なのです。

そして、この「嘘のダメ」は、ほぼ間違いなく才能につながっています。

「意識」はやがて「知識」になる

あなたが「意識」していることが、あなたの才能がある分野だと思っていいでしょう。

あなたがずーーーっと意識していること。

あなたは、その分野に関してあなたが思っている以上の知識が「勝手に」身に付いているはずです。

もし、あなたが「釣り」を意識しているのなら、今が旬の魚や、どこの海でどの魚が獲れるかなんて、普通の人がよく知らないことも自然と知っていることでしょう。

もし、あなたが「ファッション」を意識しているのなら、流行のものや、自分や他人に似合うものなんてごく自然にわかるのかもしれない。

もし、あなたが「本」を意識しているのならば、本の構成や「てにをは」なんて、学ばなくても身についていることでしょう。

このように、あなたがずーーーーっと「意識」し続けているもの。

この分野に関して、あなたは自然と膨大な「知識」が身についているはずなのです。

でも、ずーっと「意識」して、かなりの「知識」がついているからこそ、「自分はダメだ」と感じすぎてしまうケースもよくあります。

たとえば、素人の僕たちが、「上手いプロの写真」と「そうでもないプロの写真」って見比べても、どっちのスキルが上とか下とかなんて、ぶっちゃけわかりませんよね？

でも、「写真」を意識している人だと、その差がわかってしまうので、それが出来ていない自分が「めっちゃダメな人」に感じてしまうものなのです。


そう、あなたの意識が向いている分野のことって、**「その分野のスゴイ人がわかってしまう」**のです。

で、結果として自分の「ショボさ」もわかってしまう。だから、その分野に詳しかったり、才能があればあるほど、「自分はダメ」とか「苦手」だと思ってしまう傾向にあるのです。

不自然に高いハードルが隠れている

たくさんの方をコンサルティングさせていただいたときに気がついたのですが、人は自分の才能がある分野には、不自然なほど高いハードルを設定していることが多いです。

逆に言うと、「不自然に高い設定をしている分野」には、あなたの才能が隠れている可能性が〝鬼高〟だということ。

たとえば、

「人と話すのが苦手」

「トークが苦手」

と言っている人の中にも、実はトークの才能がある人がいたりします。

そーゆー人って、ちょっと話を振られても、そこで、

「面白いことを言って、ウケをとりつつ、感動させてないとイケナイ！」

みたく感じているのです（笑）。

そんな「ハードル高っ！」ってことを、「それ、ふつー出来なくなくねーか？？」ってことを、無意識で自分に課しているので、逆に話を振られるのが嫌に感じたりしているのです。

自分が口を開いたら、

「面白いことを言って、ウケをとりつつ、感動させてないとイケナイ！」

と思っているので、それができないのなら黙っていたほうがいいと思って、あえてしゃべらない人になったりします。

そして、自分がしゃべるときは、それだけのハードルを自分に課しているので、頭が真っ白になって、全然うまくしゃべれなかったり、普通に話せているんだけど、「自分はここまでできる」の基準が高いから、その高い基準と比べて「自分は全然ダメだ」って変に落ち込んで、反省モードに入ることが多かったりするのです（笑）。

こーゆーのって何でも一緒で、「歌」でも「絵」でも「ダンス」でも、一般的に見てどう考えても才能があるのに、自分自身は「ダメ」だと思っている人が多い。

そーゆー人の話をよくよく聞いてみると、

「そこと比べるかい？？？？？」

ってクオリティーの人と比べて、自分はできていないからダメだ……と言っていたりします。

普通に考えて、スゴイ人と自分を比べている時点で、明らかに才能がありませんか？(笑)。

「可愛いですね！」と言われて、

「いいえ、石原さとみさんに比べたら全然ダメです」

と言っているようなもので、石原さとみさんと比べている時点で自分は可愛いと自覚していると思うのですが、本人は至って真面目に「自分はダメだ」「才能がない」と思っています。

たとえば、僕は音痴で歌が全く得意ではありませんし、「○○さんほど歌えないしな〜」って思ったこともないです。なので、誰かと比べたことはありません。

そう、才能のない部分って、そもそも人と比べて落ち込むということ自体がない。スゴイ人と自分を比べている時点で、そこに才能はあるのです。

あなたが「不自然に高いハードル」を持っているところ、あなたが無意識にスゴイ人と比べて「自分はダメ」だと落ち込んでいること。

ここをチェックしてみてはどうでしょうか？

嫉妬と才能の関係

才能の話が出たのでもうちょっと触れていきましょう。

実は嫉妬するところにも才能があるケースが多いです。

嫉妬するのはダメなことというイメージがありますが、僕は嫉妬は才能を教えてくれるサインくらいに捉えています。

なぜなら人は、**自分の中にも似たような要素があって、そのくらいはできるはず！と思っている人にしか嫉妬しない**からです。

たとえば、野球選手がソプラノ歌手に嫉妬することはほとんどないでしょうし、カウンセラーが卓球のチャンピオンに嫉妬することもほぼないことでしょう。なぜなら、自分にその要素がないからです。

でも、同業者だときっと嫉妬すると思いませんか？

だから、**あなたが誰かに嫉妬しているということは、自分の中に似たような要素があるということ。**

ということは、その嫉妬している人には、あなたのその才能を開花させられるようなヒントがたくさん詰まっているということなのです。

そう、僕たちは、**自分と同じような才能を持っている人とか、自分と同じようなことをしている人を見たときだけ嫉妬をします。**

嫉妬＝羨ましい
嫉妬＝悔しい！
なんですね。

逆に、自分の才能がない分野の人を見ても嫉妬しません。

たとえば、作家の人は、フィギュアスケートで華麗なイナバウアーをかましている人を見ても別に嫉妬しないと思います。なぜなら、羨ましくもないし、悔しくもないから。

でも、すごく面白い文章を書いている人を見つけると、「チッ！」と嫉妬することでしょう。

だから、**あなたが嫉妬しているときは、その要素があなたの中にもある**ということ。

文章が上手い人に嫉妬しているときは、あなたの中にもその要素があるのです。

話が上手い人に嫉妬しているときは、あなたの中にもその要素があるのです。

たくさんの人に応援されている人に嫉妬しているときは、あなたの中にもその要素があるのです。

自分の中にないものは相手に見えないし、
自分の中にあるものにしか嫉妬しない。

だから、「嫉妬」は自分の才能とか方向性に気がつくチャンスでもあるわけです。

嫉妬する人がいたら、その人にとらわれるのではなくて、自分の中に「才能」を見つけるようにしましょう。

才能の勘違い

才能は自覚すればするほど開花する、という特徴があります。

だから、**ちょっとでも才能っぽいものがあれば、それを「才能として自覚してあげること」が一番大事**なことなのです。

たとえば、ザリガニに「ハサミ使って生きようよ！」と言って、

「いやいや、自分よりも大きなハサミ持っている人たくさんいるんで、自分のなんてハサミのうちにはいらないです。なので、このハサミは使わずに生きます」

と言ってたらダメだと思いませんか?

「自分よりもできる人、たくさんいるし……」って自分の才能を否定している人って、それと一緒のようなものです。

大事なことをお伝えしておきます。

あなたが他の人と比べて最も優れているのが才能ではなくて、あなたがあなたとして生きやすくしてくれるものが才能なのです。

(結果、他の人よりも優れていることはある)

ダメな自分は、あなたに才能のありかを教えてくれています。小さくてもいいから、まずは自分が自分の才能を認めてあげてください。

「ダメな自分」にこそエネルギーが眠っている

僕の友人で「ネガティブ思考の自分がダメだ」と悩んでいる人がいました……が、結局、彼は、経営者として大成功しています。

話を聞いてみると、経営者にとってネガティブなことを想定できることは大事なことで、問題が起きる前からたくさんのことを改善することができる。最悪なことまで想定できるおかげでしっかりと準備もできて、思い切ってチャレンジもできる。結果、**「経営者にとって、ネガティブ思考は一番の才能（だったと気づいた）」**と嬉しそうに語っていました。

それと同じように、

喋るのが苦手なダメな自分だからこそ文章を書くのが上手くなったり、細部にこだわりすぎてしまうダメな自分だからこそ、人が真似できないレベルでデザインにこだわれるようになったり、難しいことを理解できないダメな自分だからこそ、わかりやすく伝えることができるようになるという恩恵が隠れていることでしょう。

そして、

あなたが思い出すだけで泣けてきちゃうようなことや、あなたが悲しくなるくらい自分に禁止していることや、あなたが怒りを感じるほど触れられたくないことには、莫大なエネルギーが眠っています。

僕の場合は「親孝行できていない自分」は触れられたくないことで、考えると涙が出てくるようなことでした。

赤ちゃんの頃から病気ばかりしてて、高校も大学も行かずに好き勝手させてもらい、両親にはめちゃめちゃ迷惑をかけたと思っていました。

だから、早い段階で絶対に恩返ししたいと思っていました。人一倍自由にさせてもらったんだから、人一倍親孝行しないとと、ずっと思っていました。

でも、全然親孝行ができる状態になれなくて、そんな自分が本当に不甲斐なくて、そんな「ダメな自分」を受け入れられませんでした。

「もっと楽させてあげたいのにできなくてごめん」
「こんなに自由にさせてもらったのに、こんなしょぼい息子になってしまってごめんね」
と、あるとき両親に謝りました。

これは、僕が一番禁止していたことでした。こんなカッコ悪い、ダサい自分を一番見られたくない両親に見せるのはすごく情けないことでした。

でも、そこからものすごく人生が変わっていきました。うまく言えないのですが、今まで自分を抑え込むことに使っていたエネルギーを、自分のやりたいことに一直線に使えるようになったような感じでした。

このあたりはとてもデリケートな部分なので、カウンセラーさんなど専門家の力を借りることをおすすめしますが、涙が出るようなこと、悲しみが湧いてくるようなこと、感情的に反応していることがあなたにあるのなら、そこに莫大なエネルギーが眠っている証拠です。

ぜひ、その自分を解放してあげてください。**あなたが最も否定している自分が、実は最もパワフルな自分だったりする**のです。

「ダメな自分」と仲直りする

第3章は「ダメな自分」を扱ってきました。

読んでいてちょっと苦しくなった方もいらっしゃるかもしれません。

でも、そのダメな自分もあなたのことを幸せにしようとしてくれていることだけは忘れてはいけません。

「ダメな自分」って自分の中に確かにいます。

ナマケモノの自分

嘘つきの自分

お金を稼げない自分

行動できない自分
泣き虫な自分
意地悪な自分
ビビリで情けない自分
周りと比べて能力がない自分
すぐに諦めてしまう自分

そんな自分の中にいる「ダメな自分」のことを、あなたがどんなに否定しようが、あなたがどんなに抑え込もうとしようが、あなたがどんなに愛さないようにしようが、**その「ダメな自分」はあなたのことを幸せにしようと頑張ってくれているのだと覚えておいて欲しいのです。**

あなたの中にいる「ダメな自分」は別にあなたを苦しめたり、不幸にするために存在しているわけではありません。

あなたの中にいるその「ダメな自分」は、その自分でいることがあなたを幸せに導くと思っているから、その「ダメな自分」で存在してくれているのです。

あるとき、ある出来事から、あなたに、自分の幸せにつながるんじゃないかという一つの考え方が生まれました。たとえば、

お金に振り回されて不幸そうな誰かを見て、お金に興味を持たない方が幸せなんじゃないかと思った。

お金持ちで嫌われている人を見て、お金がないほうが嫌われなくて幸せなんじゃないかと思った。

お金がなくて「可哀想な自分」でいたほうが他人が助けてくれたという経験をしたり、お金がないことを経験したほうがお金がなくて悩んでいる人の気持ちに寄り添えるので、より良いカウンセリングができるようになるんじゃないかと思った。

お金がなくてピンチになったほうが自分は本気になれて、自分の力を発揮しやすいタイプだと気づいた。

好きな漫画やドラマの主人公が貧乏だったので、自分もそうなろうと思った。

こんな経験をすると、「お金がないほうが自分自身の幸せにつながる」という考え方

を持った人格が自分の中で生まれます。

その「自分」は、あなたのことを幸せにするために生まれてきました。

その「自分」は、あなたのことをどうしても幸せにしてあげたいのです。

じゃあ、どうすればあなた自身が幸せになるのか？

と考えた結果、その「自分」は「お金がない状態を作ってあげる」ことがあなたの幸せにつながるんじゃないかと思いつくのです。

だから、一生懸命に「お金を稼げない自分」「お金を受け取れない自分」「ダメな自分」になろうとします。

あなた自身から、「お金を稼げない自分は嫌だ！」ってどんなに否定されても、「こんな自分は自分じゃない！」って抑え込まれても、「お金がない自分には価値がない」と、愛されなかったとしても、その「ダメな自分」でいつづけることが、あなた自身の幸せにつながっていると信じているから、どんなに嫌われても、どんなに邪魔者扱いされても、愛されなくても、健気《けなげ》にその「ダメな自分」でいつづけてくれているのです。

その「自分」があなたを幸せにしてくれようとしてくれているから、表面的には「お金に困るという問題」として出てくるわけだけど、自分の内面的には「ただ純粋に自分自身を幸せにしようとしているだけ」なのです。

自分の中のどんな自分であっても、自分自身のことを幸せにしてくれようとしています。

当然、あなたが愛さないようにしている「ダメな自分」も、あなたのことを幸せにしてくれようと頑張ってくれているのです。

そうです。この事実に気がついたあなたが、取るべき行動は1つです。

「自分に謝罪する」ことです（笑）。

自分自身に嫌われてまでも自分を幸せにしてくれようと頑張ってくれているのに、「ダメな自分」って決めつけて、蔑《ないがし》ろにして、邪魔者扱いしてしまっていたわけです。

心から謝って「ダメな自分」と仲直りしてください。

自分の中のどんな自分であっても、自分自身を幸せにするために存在している。その自分と仲直りすれば、人は幸せになるようにできているのです。

この章でちょっとだけお金についても触れましたが、次章では、よく言われる「幸せとお金の関係」について、僕がどう考えているか共有したいと思います。

第4章

実はこうなっていた！「お金と幸せの関係」

～お金で幸せは買えますか？

お金で幸せは買えるか？

この章では「お金と幸せの関係」について触れていきましょう。

まず「お金」は「セクシャリティ」と並んで最もデリケートな分野だと言えます。

自分のお金の考え方を人に話すこともあまりないでしょうし、多くの人が自分の中の「秘密ごと」のように扱っています。

夫婦関係であってもお金のことは避けて会話をすることも多かったり、理解しあえている友人関係でもお互いのお金のことだけは知らないということもあるでしょう。

それほど現代人の僕たちはお金に対して過剰に反応していますし、お金に感情を揺さぶられながら生きています。

お金に対しての価値観は他人と共有することが少ない分、自分の中でもお金については「ぼやっ」としていて自覚できていないケースが多々あります。

いい機会なので、自分の「お金と幸せ」について一緒に考えていきましょう、まず、

「お金で幸せは買えるのか？」「幸せになるのに、お金は必要なのか？」

このようなことを、誰でも一度は考えたことがあるのではないでしょうか？

なんというか「ありがち」なテーマですよね。

お金があったらもっと家族を幸せにできる！　と思っている人もいれば、本当に大切なものはお金では買えない！と思っている人もいるでしょう。

これは価値観なので、人によって違うと思いますが、今のあなたはどういう考えを持っているでしょうか？

ちなみに僕は、**「まあまあ買える」**んじゃないかと思っているタイプです（笑）。

単純に、コンビニ弁当よりも高級料理屋さんでの夕食の方が幸せだろうし、エコノミークラスよりもファーストクラスの方が幸せを感じるだろうし、ビジネスホテルよりも、高級ホテルのスイートルームの方が幸せを感じるでしょう。

これは、美味しいとか、狭くないとか、従業員さんが丁寧に扱ってくれるとか、とてもわかりやすい「幸せ」です。

でも、「それは幸せとは言わない」「お金を使わないでも幸せを感じることが大事だ」と感じる方もいると思います。

気持ちはわかりますが、おそらくそういう人って

「お金で買う幸せ」＝「ニセモノの幸せ」

というイメージがこびりついているのだと思います

いや、もっと言うと、「お金＝悪いもの」だと思っているのでしょう。

実際、たくさんの人をコンサルティングしてきた結果、ほとんどの人が無意識で「お金＝悪いもの」だと思っているようでした。

もちろん、僕も「お金で買えない幸せ」はあると思います。

感性や感覚など「自分の内面」のこととか、夫婦関係や人間関係とか、健康とか、お金で買えないものもたくさんある。

そして、「お金で買えない幸せ」のほうが、人生ではるかに大切なものが多いこともよくわかっています

でも、僕は「幸せにホンモノもニセモノもない」と思っています。だから、お金で買える幸せも楽しく味わうべきだと思っているのです。

なぜなら、

お金で買える幸せを否定している人は、
お金で買えない幸せを得ること（感じること）はできない。
お金で買える幸せを味わえない人は、
お金で買えない幸せを感じることはできない。

と思っているからです。

もちろん、お金で買える幸せばかり追い求めるのも問題です。でも、お金で買える幸せは「ニセモノ」とか判断して、お金じゃ買えない幸せばかり追い求めるのも問題です。

小さくてもいいから「お金で買える幸せ」をしっかりと味わいましょう。すると、人生でとても大切な「お金では買えない幸せ」もしっかりと感じることができるようになってきます。

「お金＝悪いもの」？

子供の頃からお金の教育を受けている人は別（ほぼいないと思いますが……）ですが、多くの人は自分の親とか親戚とか育った環境のお金の価値観がそのまま自分のお金の価値観になります。

親が「お金＝悪いもの」だと思っていると、当たり前のようにその子供も「お金＝悪いもの」だと思って育っていきます。そして、その価値感がまた次の子供へと受け継がれていくのです。

あと、「お金＝悪いもの」で言うと、意外と漫画とかドラマとかのイメージにも大きく影響を受けているでしょう。マンガとかに出てくるお金持ちってたいてい悪役ですよね？

意地悪で、悪いことやってて、人を裏切るみたいなイメージがあります。そういうものを子供のころから読んでいたら、「お金持ち＝悪い人」みたいに頭に刷り込まれてきても不思議ではありません。

大分県にある僕の実家の付近では、「セールスお断り」の札がほとんどの家の玄関に貼られていました。

それを見ていると子供心に、「お金」とか「売る」とかそういうものが「悪いものなんだろう」というふうに、何となく思っていました。

そう、今の世の中は「お金＝悪いもの」「お金を稼ぐ人＝悪い人」だと思いやすいようになっているのです。

でも、僕の経験上、お金はとてもいいものだと思うし、お金持ちの人たちはたいてい、いい人ばかりというのが正直な印象です。

お金の原則

ここで**「お金の不変の原則」**についてお話ししましょう。

まず、「お金は労力の対価」だと言う人もいれば、「お金は与えた価値の対価だ」、と言う人もいます。

自分が提供した労力というか、こんなに頑張ったんだからこのくらいもらえる、というような感じ。労力とか時間ではなくて、価値をどれだけ与えたかで決まるという考え方の人もいるでしょう。

僕はどう思っているかというと、実は、どちらでもありません。

僕は、お金は、罪悪感がない人に集まっているだけだと見ています。

「絶対的なお金のルール」をちょっと説明させてください。まず、

お金は罪悪感のない人に流れるようにできている。

これは僕が研究してきた結果、間違いない法則だと思っています。

この「罪悪感」というのは、「お金を得るための手段（仕事とか）」に罪悪感を感じているケースと、「そもそもお金を得ること自体」に罪悪感を感じているケースと、2パターンがありますが、どちらにしても「お金＝悪いもの」だと思っているということです。

ここで注意して欲しいのが、

お金はお金に対して罪悪感のない人へ流れますが、そこに「社会的な善悪は関係ない」ということです。

だから、たとえば、詐欺師のような人を騙す社会的に許されない仕事をしている人でも、その人に罪悪感がなければお金はそこへ流れます。

すごく世のため人のためになるようなことをしている人格者でも、お金に罪悪感があれば、お金は入ってきません。一時的に入ってきたとしてもすぐに去っていきます。

これは、いい、悪いではなく、お金とはそういう性質のものなんだと知っておいて欲しいのです。

お金を得るための手段に罪悪感を感じていたり、お金を得ること自体に罪悪感を感じているような、「お金＝悪いもの」だと感じている人のところには、お金は行きたがらないのです。

一時的に行くときもありますが、罪悪感がある人のところに長期的にお金が居続けるってことはほぼない。罪悪感がある所に近づくと、お金は居心地が悪くて一目散に離れていくのです。だから、お金に好かれたいなら、

「お金のブラックリストに載ってはいけない」

ただ離れていくだけならいいのですが、おそらく、お金はＬＩＮＥグループみたいな

ネットワークを持っています。お金同士で出来事を全て共有しているのだと思ってください。

お金に罪悪感を持っている人を見つけたら、他の仲間のお金全員に、

「あの人罪悪感があるから、近寄らない方がいいよ～」

と教えてしまいます（笑）。

すると、他のお金も「あそこはやめとこうな～」と、どんどん拡散していって、お金さん達のブラックリストに載ってしまうことになります。

すると、お金はびっくりするくらい近寄らなくなってしまい、ブラックリストに載っていない、「お金に罪悪感がない人」に向かってどんどん流れていくのです。

お金がない本当の理由

地球は豊かな惑星で、全人類が豊かに暮らせる資源があります。

しかも、それを無償で与えてくれていて、その豊かさをもっと全体にいき渡らせようとしてくれているんじゃないかと思うのです。

その豊かさの象徴が現代では「お金」になっているので、お金は川に流れる水のように、すべての人に勝手に行きわたろうとしているのです。

でも、「お金の罪悪感」は防波堤みたいなもので、お金に罪悪感のある人は、お金が流れてきているのを自ら防波堤でブロックしているのです。

そして、お金に罪悪感を持っている人は本当に驚くほど多い。

だから、ブロックされて行き場のないたくさんのお金が、ブロックしていない人（罪悪感のない人）に集中的に流れていく。結果として、お金持ちに集中してお金が集まるようになっているのです。

それなのに、「お金は労働の対価」だと言っていると、お金がない人があたかも頑張っていないかのように感じます。

「お金は価値を与えた対価だ」とか言っていると、お金がない人があたかも価値を与えていないかのような感じがするし、お金がない人があたかも価値のない人間かのように感じてしまいますが、僕は、そんなことは断じてないと言い切れます。

頑張っていて、価値を与えている人はたくさんいるのに、そんなこと言われたら悲し

罪悪感

くなりますよね。
自分が否定されたような気持ちになってしまいます。
ある程度の先進国に生まれていれば、お金がないのは、

お金に罪悪感を持つような環境で育ってきたから。
「お金＝悪いもの」と思うように育てられたから。

というだけなのです。

お金がないのは、
頑張りが足りないとか、
価値がないとかそういうことではないのです。

そのように決めつけ、信じ込んで自分を責めるのは自分がかわいそう。心当たりのあ

る人は「秒速」でやめてくださいね。

お金は罪悪感のない人へ流れる

これは、**きっと今後も変わらないお金のルール**です。

僕たちは、本来そのまんまで豊かに暮らせる存在なのです。でも、「お金＝悪いもの」という思い込みがある僕たちは、労働時間を長くして、「これだけ働いたんだからお金もらっていいよね」と、お金をもらう罪悪感を和らげる**「労働時間」＝「お金」**という考え方が生まれたり、

人に貢献することによって、「これだけ価値を与えているからお金もらって当然だよね」と、お金をもらう罪悪感を和らげる**「与えた価値」＝「お金」**という考え方が生まれたり、

「自分の好きなこと」や「自分が誇りに思えること」をすることによって、お金を得る手段に対しての罪悪感や、お金を得るために自分を犠牲にしている自分への罪悪感が和らぐから、**「好きなことをやる」＝「お金」**というような考え方が生まれているだけです。

でも、根本は「罪悪感」の問題なので、お金に罪悪感がある状態で、

どんなに労働をしていようが、
どんなに価値を提供していようが、
どんなに好きなことをしていようが、
お金の罪悪感が強ければ、そこにお金が来ることはないし、一時的に来たとしても、すぐに出ていってしまいます。

お金は頑張っている人に流れるわけではなくて、価値を与えている人に流れるのでもなくて、人生を楽しんでいる人に流れるものでもありません。

お金は罪悪感がない人に流れる。

これは、不変のお金の性質なのです。

罪悪感ゼロだったピカソ

「おい！　そこの中卒！　じゃ、その『お金の罪悪感』がなくなる方法を教えろよ！」

という気持ちになりますよね？

「お金の罪悪感」についてはいろいろとアプローチ方法があるのですが、最もシンプルで効果が高い方法が、お金の罪悪感がない人の考え方に触れてみることだと思います。


特に、アーティストとか職人さんといった人たちは、お金に対する罪悪感が強い傾向にあります。

たくさんの人を見てきましたが、そういうアイデンティティの人たちは、お金のためにやっている人は少ないので、お金の請求が苦手だという人も多ければ、そもそもお金にあまり興味がない人も多い印象でした。

そんなふうに、アーティストタイプは罪悪感が強い人が多いのに、ビジネスマインドもお金のマインドも、当然、芸術性もバランスよく持っていた、パブロ・ピカソ（18

81～1973）の話をご紹介しましょう。

ご存じの通り、ピカソは超一流の感性と表現技術を持つアーティストなのですが、作品を売ることにもとても長けていたらしいのです。

実は、僕のコンサルティングを受けてくれていた人の知り合いに、ピカソの晩年の弟子と言われる日本人がいて、その人がピカソから直々に教わったことがとても面白い。

そのお弟子さんがピカソから一番よく言われていた言葉が、

「買ってくださいと言うな！」

という言葉だったらしいのです。

むしろ、売ってあげるから、「損はさせないよ」というスタンスで話をしなさい！と、絵の描き方よりも絵の売り方をたくさん教えてもらっていたらしいのです。

これだけでもピカソが普通の芸術家ではないことがわかりますね。

そんな、ピカソの有名な逸話をご紹介しましょう。

あるレストランで食事をしていたピカソをボーイさんが発見して、

「私はあなたのファンです。このナプキンの裏に何か書いてもらえませんか？」

と言いました。

ピカソはボーイからナプキンを受け取ると、ササッと30秒ほどで描いて、そのナプキンに描いた絵をボーイに渡してこう言いました
「1万ドル（100万円）だ」

ボーイは、

「30秒で描いた絵にしては高くないですか？」

と言いましたが、ピカソは表情ひとつ変えずにこう言いました。


「違う。40年と30秒だ」

有名な逸話なので、知っている人も多いかと思いますが、この逸話からもピカソにお金の罪悪感がないことがわかります。罪悪感のある人は、30秒で100万円は請求でき

ないでしょうから。

そして、ピカソは買い物するときのやり方もなかなかのものだったようです。

たとえば、ピカソが100万円のタンスを買うとして、向こうは小切手文化ですから、それを小切手で払います。

そのとき、ピカソがどうしていたかというと、支払いの小切手に「100万円」と書いて、その100万円の小切手の横にちょっと絵を描いておくのです。

するとどうなるでしょうか?

お店の人が受け取ったのは、ピカソ直筆の絵が描かれた小切手です。それは小切手を換金して得られる100万円よりも明らかに価値が高いものなので、当然換金せずに大事にとっておきます。

小切手が換金されないということは、ピカソは小切手で買い物をしても口座からお金は引き落とされません。結果、タダで買い物できるということです(笑)。

この話を聞いて「ずるい！」とか反応したり、ボーイさんに100万円請求した話を聞いて、「ひどい！」と反応する人は、お金に罪悪感がある人です。

自分の価値をしっかり自覚していて、お金に罪悪感のないピカソはこういうことをごく自然にさらっとやっていたんだと思います。


お金の罪悪感がない人とはこういう人です。

そして、そういう人をめがけてお金は流れていくのです。

お金を持つと、「本当にやりたいこと」が見えてくる

僕は高校も行かず、パチプロになって、それからずっとビジネスをしてきました。なので、得意かどうかはわかりませんが、ビジネスに関しては一番経験が長いし、一番知識があるし、一番うまくいく方法も理解している分野だと思います。

その経験をお伝えする「ビジネススクール」を不定期で開催しているのですが、その

ときによく「お金は稼ぎましょう！」と言っています

早い話、ある程度はお金持ちになりましょうと伝えています。

それは「ビジネスのスクールだったら当たり前でしょ」と思うかもしれませんが、僕の場合はちょっと理由が違うようです。

別に、受講生にお金持ちになって「贅沢して生きろ！」と言っているわけではありません。

ブランド物のバックを買えと言っているわけではないし、ホストクラブで遊び散らせと言っているわけでもないし、お金の豊かさを存分に味わおうって言っているわけでもありません。

僕が一番お金を持ったほうがいいと思っている理由は、

「自分が本当にやりたいこと」を知って欲しいからです。

たくさんの人をコンサルティングしてわかったことは、「お金に不安がある状態だと、自分のやりたいことに気がつきにくい」ということです。

お金に不安がある状態で「本当にやりたいこと」とかを考えていても、その状態で自分の心をクリアに見ることができる人ってあまりいないと思います。

たとえばなのですが、「お金を持ったら急に態度が横柄になった」とか、そういう人はあなたの周りにいませんか？

1人や2人は顔が浮かぶ人がいるのではないでしょうか？

実は、その人……「もともと横柄な人」なのです。

でも、お金がない無価値感から腰が低くなっていたり、お金ないからいい人っぽい人を演じていただけで、おそらく本質的にはもともと横柄な性格の人なんだと思います。

だから、**お金を持つことで、その人が抑え込んでいた「王様気質」みたいなのが出てきたというだけで、本来はそういうタイプの人間なのです。**

「お金で変わった」のではなくて、「お金で自分の本質が出てきた」ということなんです（横柄な人が良いとか悪いとかいう話ではないです）。

そんなふうに**お金をある程度持つと、「本来の自分」が出やすくなってくるし、「自分じゃないこと」はやめたくなってきます。**

すると、今まで本当にやりたいと思っていたこと、本当に願っていたことが、何も苦労なく選択できる状態になったその途端に、実は、その95%くらいはそんなにやりたいことじゃなかったってことに気がついて驚くと思います。


僕はコンサルティングをしながら、たくさんの「その現場」を見てきました。

「フェラーリ買ってやる！」って頑張っていた社長が、簡単に買えるくらいの収入になると、あまり興味がなくなって社会貢献のほうにお金を使い出したりしていました。

この社長さんは、フェラーリが欲しいというのは本心ではなくて、本当は社会貢献をしたかったのです。


逆に、「お金はないけど社会貢献をしたい！」と言ってボランティアにたくさん参加している人がいたのですが、ビジネスの仕組みを作って、めちゃめちゃ稼ぎだすと、あまり社会貢献に興味がなくなっていました（苦笑）。

お金がないときは、めっちゃ志の高いことを言っていたのに、お金持っちゃうと、**「やべ、全然したくねーわ！　ってなりました（笑）」**という報告を受けて、クライアントさんと2人で大笑いしたのを覚えています。

でも、それはそれで全然悪いことじゃないから、あなたがそうなっても、そんな自分を愛してあげましょう。

お金がないときは「全身ブランドものなんてダサい」って言っていたのに、お金持ちになると全身ブランド品になる人もいました。この人は本当はブランド品を着たかったのですが、お金がない自分の無価値感を隠すために、ブランド品はダサいと自分に思い込ませていたのです。

逆にお金がないときは無理してブランド品を買っていたけど、お金持ちになると気持ちに余裕ができて、見栄を張る必要がなくなったので、全くブランド品を持たなくなる人もいます。

こういう人は、本当のところはブランド品に興味がないのだと思います。

「私、事務の仕事が好きなので、事務作業で人のサポートするのが楽しいです！」

と言って、たくさんの人のサポートをしている女性がいましたが、ある程度お金を稼

げるようになったら、

「実は私、事務作業は本当は全然好きじゃないということに気がつきました」

「全然やりたくなくなりました」

と、本人も驚きながら報告してくださって、今では大勢の前に立って大活躍していま す。

そんなたくさんの人を見て、僕たちはお金の不安がある状態だと、どうしてもストレートに本音が出せないようになっているみたいだと思うようになりました。本当はやりたくないことを、自分がやりたいことだと、なぜか思ってしまう。

そう、僕たちは、**お金に不安を持っている状態だと「本当の目的」に気がつきにくい。**

お金がない状態だと、どうしても欠乏感やら罪悪感から選択してしまう。

たいして欲しくないものを欲しいと感じたり、たいしてやりたくないことをやりたいことだと思っちゃったり、**偽りの自分が本当の自分だと思ってしまいます。**

もちろん、お金は関係なく、自分のビジョンを明確にできる人もいます。でも、僕の感覚ではかなり少数だと思います。
多くの場合、お金に不安がある状態で見つけたやりたいことは、お金を持つとたいしてやりたくないことに変わります。
「自分の本音を知るため」にも、「自分の本当にやりたいこと」を知るためにも、そして、それを実現する大きな助けにもなる、お金ってすごく大事なものなんだなと実感しました。

お金を持つとやりたくないことに気がつけるし、
お金を持つと本当の自分のやりたいことに気がつける。
お金は大切な人を守ることができるし、幸せを与えてくれるもの。
自分らしく生きる上でも、お金はとても重要な存在なのだと思います。

このように、今の資本主義経済の中では、お金は大きな恩恵を与えてくれます。なので、「お金＝悪いもの」にしてしまうと、人生を向かい風の中進むようなものでめちゃめちゃ生きにくいです。

お金にうまく協力してもらうことで、僕たちの幸せはますます加速していくことでしょう。

「幸せのプログラミング」と「お金」の関係

お金と幸せについて書いてきましたが、最後はちょっと踏み込んだメカニズムを書いておきましょう。

今まで書いてきたことと矛盾するような印象を受けて混乱するかもしれませんが、大事なことなのでぜひ読んでくださいね！

第3章で触れたように、お金がある状態でも、お金がない状態でも、それは必ず自分を幸せにするためにその状況を自分でつくっています。

そう、

お金がある人も、お金がない人も、
自分の中の自分がそれがベストだと判断して、

それが現実になっているのです。

そして、ここまで読んできたあなたならおわかりだと思いますが、もし、お金に問題を感じているのであれば、多くの場合お金じゃないところを望んでいる証拠でもありますよね。

なぜなら、

目の前の問題は10割ダミーだから。

「目の前の問題が解決されたら得られること」と、「自分が本当は得たいもの」は、多くの場合違うものだからです。

「お金に問題がある」と感じているのであれば、多くの場合、お金を持っていなかったり、思ったより稼げていなかったりするわけです。

そして、それを「問題」だと感じているのであれば、もっと稼ぎたいとか、もっと余裕が欲しい状態を望んでいるということです。

「もっと余裕がある状態」を望んでいるのに、「余裕がない状態」が現実で起きているのであれば、お金に余裕がある状態よりも、お金に余裕がない状態のほうにメリットを感じているという解釈もできます。

ただ、これは心理的にはかなり表面的な話です。

もちろん、お金に余裕がある状態になった先に強烈なデメリットを感じているケースもあるし、お金に余裕がない状態の先に強烈なメリットを感じているケースもあります。

この辺りの**「メリット、デメリット」は、自分の状態によってどうとでも取れることなので、そのときの状態によってコロコロ変わります。**

なので、ここで原因探しをしていても、ほぼ何も解決されないでしょう（一時的には解決した感があるけど、また同じような問題を作り出します。ダミーの問題と同じことです）。

だから、ここで最も大事なことは、

「お金に余裕がある状態になりたい理由」と、
「お金に余裕がない状態を作り出している理由」が、
最終的には「全く同じ理由」

なのだということを理解することです。

1つ例をあげてみましょう。

お金に余裕がある状態になったら、自立しているので自分に自信が持てるし、自分を磨くことにお金も使えるので、自分が輝きます。

そうなったら「運命の人と出会えるかもしれない♡」と思っている自分がいるのと同時に、「お金に余裕がない状態でいたほうが、かわいそうな自分のほうが優しくされやすいし、助けてもらいやすいし、気にかけてもらえる」「お金に余裕がない自分でいたほうが、マンガの主人公みたいに王子様みたいな人が現れてくれるかも♡」とか、思っている自分がいるとします。

これ、どちらにしても「男をゲットしたい！」と思っているわけで、**お金に余裕があったほうがゲットしやすいと思っている自分と、お金に余裕がない状態のほうがゲットしやすいと思っている自分がいるだけ、**ということです。

これは両方とも、最終的には「男をゲット＝自分の幸せ」ってことを望んでいるということは本書で何度もお伝えしている通りです。

ということは、この例でいくと、「お金に余裕を持ちたい」目的と「お金に余裕がない状態をつくっている」目的が「同じ理由」（この例えだと男をゲット）だということになりますね。

お伝えしている通り、ここが真っ先に取り組むべきところなのです。

だって、男をゲットしたいからこの問題が起きているわけだから、

パートナーシップに本気で取り組まないと、ずっと「お金に余裕を持ちたいけど、お金に余裕がない」という現実をつくり続けることになるということですからね。

目の前の「ダミーの問題」は放置して、その先の「共通の目的」を満たすための行動をとる人が、幸せのプログラミングをうまく活用できる人です。

目の前の問題は10割ダミー。お金の問題はお金じゃないところに原因がある。

この心のメカニズム（幸せのプログラミング）を理解していると、あなたの幸せはどんどん加速していくことになるでしょう。

「幸せのプログラミング」まとめ

●人はみんな、勝手に幸せになるようにプログラミングされている。
●自分の中にたくさんの自分がいて、違う方法であなたを幸せにしようとするから問題が起きて、あなたは悩む。
●自分の中の自分は、100%あなたを幸せにしようと頑張っている。だから、うまくいかないからといって自分を責めてはいけない。
●目の前の問題はすべてダミー。だからどのやり方を選んでもいいし、一番いいのは放置すること。
●目の前の問題を引き起こしている理由は1つしかない。自分は本当は何がしたいのか、本当の目的を知り、そこに意識を集中させることが問題解決の早道。
●幸せに近づくためのあなたの「魅力」は、「ダメな自分」の中に隠れている。
●自分だけは自分の味方でいることが大事。幸せな人は例外なく自分を愛する人。

終章

幸せな人が大切にしている、たった1つのこと

自分を大切にするための4つのヒント

あなたがこの本を手にとった理由はなんでしょうか？

「幸せ」というキーワードに惹かれましたか？

「すべての問題は自分を幸せにするために起きていた」という事実を本書で知ったときは驚いたことだと思います。


僕は中卒で何も資格も持っておらず、おまけに人見知りで社交性も低いです。

結果、友達はとても少ないです（苦笑）。

でも、その少ない出会う人は本当に素敵な人たちばかりで、幸せに生きている人ばかりに囲まれたライフスタイルを送ることができています。

そんな、幸せに生きている人をたくさんみてきた結果、「これだけは全員大切にしている」ということを見つけました。

なんだと思いますか？

仕事？
お金？
家族？

どれも大事だと思いますが……違います。
そう、全員が**「自分自身」をとても尊重して、大切にしている方**ばかりでした、この章は、僕が「幸せに生きている人観察」をして気がついた、自分を大切にするためのコツをお伝えしていきます。

1　自分を責めない

僕の講座に来てくれたり、僕のコンサルティングに来てくれている人は、僕から必ずこの言葉を聞いていることでしょう。

「自分を責めることは、一番やっちゃダメです！」

この本の中でも何度かお伝えしていることです。たとえば、
何かを始めようと思ったけどスタートできなかった。
何かを続けようと思っていたのにやめてしまった。
そんなこともありますよね。

毎日ブログを書こうと思っていたけど、続けられなかった。

ビジネスをスタートしようと思ったけど、スタートできなかった。

毎日本を読んで勉強しようと思ったけど、できなかった。

糖質制限をしようと思ったけど、テレビのラーメン特集の誘惑に勝てなかった。

そんな、**「絶対にやろう！」**と心に強く強く誓ったはずなのにできなかったこと。

そういう経験って心当たりありますよね？

僕は痛いくらいあります……。

ただ、その**「できなかったこと」に対する態度が、幸せな人とそうでない人の大きな違い**だということがわかりました。

自分を甘やかそう

ここで1番やっちゃいけないのは、

「できなかった」ことで自分を責めることです。

これはやっちゃダメ。マジ禁止です。

こういう人って自分に厳しい人なんです。

何か出来なかったら自分を責めて、何か出来ても「こんなの当たり前」「もっとやらないとダメだ！」とか、そんなことばかり言っていて、全く自分のことを褒めてあげません。

そして、こういう人に限って他人のことはよく褒めています。


でも……自分って結構頑張っていますよね。


昔は難しかったことも、今は普通にできるようになっていたりとか、今までできなかったようなチャレンジをしただけでも凄いことですし、会いたい人に勇気を出して会いに行くことなんかもすごいことだよね。

だから、他人ばかり褒めていないで、

「自分ってけっこう頑張っているよな」

「自分って意外とすごいよな」

「自分って勇気あるよな〜」

「チャレンジしてすごいよな」

とか……ちょっとしたことでも、もっと自分を褒めてあげてもいいんじゃないかなと感じるのです。

そして、たとえ、何ができなかったり、目標達成がうまくいかなくても、

「しゃーないよね」
「そんなこともあるよね」

と、ぜひ自分に言ってあげてください。

あなたが、何かを始めようと思ったり、何か学んだり、目標を立てたってことは、それは「自分のことをもっと幸せにしてあげたい」という愛が動機になっているはずです。そんな、自分をハッピーにしようとしていることなのに、ちょっとそれができなかったから自分を責めるって本末転倒じゃないですか？

自分のためにやろうとしたことで自分を傷つけるのはやめましょうよ。

うまくできないからとか、他人と比べてこうだからと、何でも自分を責める理由にし

ないでください。
多くの場合、うまくいかないことが問題なのではなくて、うまくいかないことでいちいち自分を責めることが問題なのです。

目標を達成できたら、
わたし天才！！！
わたし愛してる！！！

目標を達成できなかったら、
しゃーないよね！！！
わたし愛してる！！！

で、ＯＫじゃないですか。

他人から責められることはあるかもしれませんが、何があっても自分だけは自分の味方でいてあげてください。

幸せな人はもれなく自分に優しい人です。

2 怖いはGO！

シンプルな人生の秘訣をお伝えいたします。


嫌だはNO！

怖いはGO！


です。

嫌なことはやめて、怖いことはやりましょう、ということですが、我ながら「人生の本質をついた言葉」だと思っています。

まず、「嫌なこと」と「怖いこと」は別のものです。ここを一緒にしてしまっている人が多いのですが、一緒にせずに、違いを自分で分けてとらえてあげる必要があります。

たとえば、嫌いな人に話しかけるのって「嫌」ですけど、憧れている人に話しかけるのって「怖」くないですか？

嫌いな人とご飯を食べに行くのって、単純にマジで行きたくないけど、憧れている人とご飯を食べに行くのって、めちゃめちゃ行きたいけど、怖くて行きたくない。

みたいな感じになりませんか？

簡単に言うとその違いです。

嫌なことは、気持ちがドヨーンとした「やりたくない」なのですが、怖いことは、気持ちがワクワクドキドキする「やりたくない」なのです。
でも、頭では「やりたくない」と思っていたとしても、実は心の中では、**怖いことってやりたいこと**なんですよね
なぜなら**「怖い」＝「ワクワクしている」**だからです。つまり、

あなたが好きなことや、
あなたが大切にしていることって、
実は「怖さ」を感じるものなのです。

僕はアメブロをやっていて、毎日ブログに記事をアップしています。

まだ、開設して2年くらいですが、月間で150万pvくらい見てもらえているブログになって、アクセスもフォロワー数もずっと右肩上がりで増えていってくれています。

正直に言います。

実は、ブログを始めることがクッッッッソ怖かったのです。

もっと正直に言います。

実はブログを始めようとして、実際に始めるまで7カ月くらいかかりました（苦笑）。

怖くてなかなか始めることができなかったのです。

メルマガは何年も前から書いていて、読者数もそれなりにたくさんいたので、何も困っていない状態でした。なので、ブログを始める必要性は別になかったのですが、でも、なんかブログを始めるのが「怖い」な……とずっと思っている自分がいました。

「怖い」＝「ワクワク」です。

なので、「怖いはGO！」「怖いはGO！」と自分に言い聞かせて、勇気を出してGO！してみると、そのブログが出版のキッカケにもなったり、ビジネスの拡大にもなったり、何よりも、たくさんの人とのご縁が待っていました。

ブログで僕のことを知ってくれた人もたくさんいるのではないでしょうか？

僕が怖いことをやらなかったらこの世界とは出会えていないわけです。

僕の潜在意識は、「ブログを始めたら、こんなに楽しいことが待っているよ！」ってわかっていたのでしょう。

だから「怖い（ワクワク）」というサインを送ってくれていたのだと思います。

同じようにあなたが「怖い」と感じることはどんなことでしょうか？

ちょっと考えてみてください。

起業して独立してみることでしょうか?
人前で歌を歌ってみることでしょうか?
描いた絵をインスタグラムに投稿してみることでしょうか?
憧れているあの人に会いにいってみること?
YouTubeに動画をアップすること?
好きなことでお金をもらってみること?
会社を辞めること?
それとも、自分の本音を相手に伝えることでしょうか?

あなたが「怖い」と感じることは、
それはきっと、あなたにとって大切なものです。
自分にとって大切なものを大切にしてあげてください。

「嫌なことは全力でやらない」
「怖いことはやってみる」

これをやるだけで、恐ろしいほど人生が加速するはずです。


「嫌だはNO!」

「怖いはGO!」

これからも僕の人生の指針になる言葉です。

3 環境を選択する

人生を変える最も確実な方法は「環境を変えること」です。

そして環境が結果を決めるといっても過言ではないでしょう。

ビジネスで成功している人に囲まれていると、ビジネスで成功することになるし、著者に囲まれていると本を出すことになるだろうし、お金持ちの人たちに囲まれていると、お金持ちにならないほうが難しいでしょう。

そして、

嫌な人ばかりに囲まれているような環境にいて、
幸せになるはずがないし、
好きな人ばかりに囲まれているような環境にいて、
幸せにならないはずがない。

これは、とてもシンプルな「真実」だと思います。

なので、あなたが「幸せな人生」を生きるのに最も大事なことは、
あなたを幸せにさせてくれる人たちに囲まれていること。
あなたを幸せに導いてくれる人たちの中に身を置いていること。
ということになりますね。
そう、自分を大切にしている人は、
「嫌な人や苦手な人とは会わないようにしている」
とも言えるわけです。
僕も実際に、数年前からこれをしだしてよくわかったのですが、とても幸せを感じま

す。「嫌だはＮＯ！」に通じるのですが、人生が良くなった体感が強くあります。

嫌な人からは逃げてもいい。

苦手な人から逃げるのは自分を大切にする行為です。

でも、心の勉強とかしている人は、「目の前の苦手な人は自分の課題を見せてくれている」とか、「自分が向き合うべきことを示してくれているから克服しないと」的に感じることもあるでしょう。

だから、「苦手な人、嫌な人から逃げても、また同じような人を引き寄せる」みたいな話を聞いたことがあるかもしれませんね。

中卒の僕が言うことなので、テキトーに聞き流してほしいのですが、

それ、

たぶんウソだと思いますよ（笑）。

僕はそのような課題は全く解消していない自信がありますが、今のライフスタイルで、嫌な人とか苦手な人と会うことはほぼない。

好きな人としか会わないようなライフスタイルなのでめちゃめちゃ幸せを感じますし、僕の周りの幸せな人も同じようなものです。

嫌な人からは逃げなきゃダメ

でも、昔は僕も「嫌な人」を受け入れようと、「苦手な人」を克服しようと頑張っていました。そのときは苦しかったです。

だって、

嫌な人は嫌じゃないですか（笑）。

苦手な人は苦手じゃないですか（笑）。

「そんな逃げてばかりいたら成長しないよ」と、そろそろお叱りの言葉が聞こえてきそうですが、

成長するのに「苦しい思い」や「辛い思い」をするんだったら、成長なんぞしなくもいいから、今の自分の幸せを選択したい。

と、いうのが僕の考えで、そんなことに自分の時間と労力と精神的エネルギーを使うんだったら、今の自分が幸せを感じることに使ったほうがいいと思っています（そして、そちらのほうが圧倒的に成長すると思っています）。

嫌な環境からは、
逃げてもいいし、
受け入れなくていいし、
我慢なんてしなくてもいい。
苦しい思いをしたら、その先が良くなるなんて幻想です。

苦しい思いなんて自分にさせちゃダメです。自分がかわいそうですからね。
だから、

あなたの価値がわからない環境はできるだけ手放して、あなたの価値をわかってくれる環境の力を思いっきり借りて生きていこう。

自分がないがしろにされる環境に身をおくなんて、自分が自分のことをないがしろにしているようなものじゃないですか。
自分を大切に扱ってくれない人（環境）から逃げて、自分を大切に扱ってくれる人（環境）を選んであげる。

これは、最上級に自分を大切に扱う行為と言えるでしょう。

4　理由は「自分」だけでいい

あるスポーツ少年の話です。

彼は小学生の低学年から「ミニバスケットボール」をしていて、小学6年生のときにはチームのキャプテンをしていました。

「優勝する」ということはなかったのですが、そこそこ強いチームで、同じチームの友達と毎日夢中になってバスケの練習をしていました。

大会中に指を骨折してしまっても、翌日の試合にテーピングをして強行出場するくらいバスケが大好きで、もちろん将来の夢はプロバスケット選手。バスケが彼の生活の中心になっていました。

しかし、そんな彼が、中学生になるとバスケをやめてしまったのです。

もちろん、バスケが嫌いになったわけではありません。

その理由は、

「めちゃめちゃバスケが強い、隣の小学校の生徒と同じ中学校になるから」

でした。

そう、小学生のとき、隣の小学校のミニバスケ部が県内でもとても強いチームでした。

そのメンバーの人たちが、中学校では同じバスケ部になるので、自分が中学でバスケ部に入っても自分は試合に出れないだろうと思ったから、バスケをやめてしまったのでした。


いかがでしょうか？

大人の視点から見てみると、

「続けたらいいじゃん！」

「レギュラーになれるかもしれないよ！」

「たとえレギュラーになれなくても、好きなことができるほうがいいじゃん！」

とか、いろいろ言えますよね？

当然、この少年も後にめちゃめちゃ後悔して涙しました。

実は、この少年、僕自身のエピソードです。

「自分がやりたいことを自分にさせてあげられなかった」

「自分はチャレンジせずに逃げてしまった」

「自分はできないヤツだと自分を決めつけてしまった」

などと、自分に対して申し訳ない気持ちでいっぱいになりました。

自分が自分のことを信頼してあげられていなかったことに悲しくなりました。

そして、その出来事から、

「今後、自分がやりたいことは絶対に自分にやらせてあげよう!!」

と心に決めました。
たとえ、うまくいかない可能性が高かったとしても、
たとえ、自分よりもうまくできる人がいたとしても、
たとえ、自分が望んでいるような結果が出なくて恥をかくのだとしても、

自分がやりたいんだったらやろう。

結果が出なくても、
うまくできなくても、
自分より上手い人がいても、
お金にならなくても、
周りから白い目で見られても、
レギュラーになれなくても、
恥をかいても、
周りに迷惑をかけたとしても、
自分がやりたいことを「最優先」にして生きていこうと決めました。

やりたいことは結果のためにやるんじゃなくて、自分がやりたいからやるのです。
ここを間違えてはいけないですよね。
結果が出るとか、出ないとか、うまくできそうとかできなさそうとか、そんなのは二の次です。

理由は「自分」だけでいい。
幸せに生きている人は、
自分がやりたいと感じているから自分のためにやるというスタンスで、
やりたいことをやっている人たちです。

「自分」が最優先。
バスケをやめてしまったことで、自分を大切にすることの大切さに気がついたお話です。

おわりに
――「自分のことを自分以上に信じてくれる人」は神様からのプレゼント

最後までお読みいただき、ありがとうございました。

「幸せのプログラミング」を始め、たくさんの角度から「幸せ」についてお伝えしてきましたが、最後にもうちょっとだけお話しさせてください。

本書の中で少しお話ししたように、僕は学歴もなく、資格もなく、自分がやりたいことなど考えたこともない人生でした。

パチプロという環境で生活していたので、正直、将来に対して夢も希望も全くもっていませんでした。

まさか自分が会社を経営したり、人様の前でお話させてもらったり、こうして本を出販するようなことになるなんて思ってもいなかったし、サッキー（嫁）とオチビッタ（娘）と一緒に自由にライフスタイルを選択していける毎日になるなんて想定外のことです。

でも、その想定外に一役買ってくれた能力が僕にあるのだとしたら、その力は「自分を信じる力」なのかもしれません。


この**「自分を信じる力」は人間しか持っていない「最強の力」**だと思っています。

なぜなら、自分の才能も、自分の可能性も、自分らしさも、どこまで発揮できるかは自分をどれだけ信じられるかに比例するからです。

人生がうまくいっている人は「自分を信じる力」がとても強い人です。

否定されようが、
バカにされようが、
たとえ結果がついてこなくても、
自分だけは自分のことをとことん信じているような人です。

では、その最強の力はどうやって鍛えることができるのでしょうか？

残念ですが、鍛えることはできません。

なぜなら、この力は「授かるもの」だからです。


「自分のことを自分以上に信じれくれる人」が1人でもいれば、僕たちは自分を信じる力が強くなっていきます。


僕は大した取り柄もない人間ですが、幸運なことに、僕のことを僕以上に信じてくれる人に囲まれて生きてきました。

両親も兄弟もメンターもずっと僕のことを信じてくれていました。そして、今現在も家族が僕のことを僕以上に信じてくれています。

それが、「自分を信じる力」になってくれているのだと思います。

だから、

あなたのことをあなた以上に信じてくれる人。

そういう人って神様からの最高のプレゼントなんです。

その人はあなたに最強の力を授けに来てくれた大恩人です。
ぜひ大切にしてくださいね。

「あなたのことをあなた以上に信じてくれる人」が1人でもいるのなら、あなたの人生は必ず充実した幸せなものになります。
そして、あなたが誰かのことをその人以上に信じてあげることで、その人に「最強の力」を与えることができ、充実した幸せな人生を与えることができるのです。

僕たちは勝手に幸せになるようにプログラミングされていて、信じ合うことで、最強の力を与え合えるようにできています。
これは人間にしかできないことです。

「幸せに楽しく生きなよ」って神様が背中を押してくれているような気がしませんか？

きっと、戦争とかしちゃっている国も、

「戦争しないほうが平和になる」

と思っている国がある一方で、

「あいつら危険だから戦争をしてやっつけた方が平和になる」

と思っている国があるだけだったりすると思うのです。

方法が違うだけで、どちらも本当は平和な幸せな世界を望んでいるのだと思うのです。


どんな状態であっても、僕たちの根底には「自分と他人を幸せにしたい」という愛情しかありません。


あなたの目の前の問題も、あなた自身を幸せにしようと思っているから起きているだけです。

あなたがどんな状態であっても、あなたの人生は幸せの方向に進んでいるし、あなたは幸せになるように設計されているのです。

「自分を幸せにしようといつも頑張ってくれている自分」を愛してあげてください。

この本が自分の幸せをもっと好きになるきっかけになったら嬉しいです。

令和元年　7月吉日　自宅のお気に入りのソファにて。

椎原　崇

ブックデザイン　荻原弦一郎（256）
イラスト　椿井友子
編集協力　山口佐知子
松山 久
編集　飯田健之
DTP制作　株式会社 三協美術

幸せのプログラミング
あなたは、幸せになるように設計されている

2019年9月13日　第1版第1刷
2019年9月30日　第1版第2刷

著　者　椎原　崇
発行者　後藤高志
発行所　株式会社廣済堂出版
〒101-0052 東京都千代田区神田小川町2-3-13 M&Cビル7F
電話　03-6703-0964（編集）　03-6703-0962（販売）
FAX　03-6703-0963（販売）
振替　00180-0-164137
URL　http://www.kosaido-pub.co.jp
印刷所
製本所　株式会社 廣済堂

ISBN978-4-331-52241-7　C0095